위대한 직장인은
어떻게 성장하는가

Original Japanese title:
「SHIGOTO GA DEKIRU YATSU」NI NARU SAITAN NO MICHI
© Y. Adachi 2015
Original Japanese edition published by Nippon Jitsugyo Publishing Co., Ltd.
Korean translation rights arranged with Nippon Jitsugyo Publishing Co., Ltd.
through The English Agency (Japan) Ltd. and Eric Yang Agency Inc.

'열심히'보다
'제대로'가 통하는
일의 세계에서

위대한
직장인은
어떻게
성장하는가

아다치 유야 지음
정은희 옮김

청림출판

한 그루의 나무가 모여 푸른 숲을 이루듯이
청림의 책들은 삶을 풍요롭게 합니다.

일 때문에 고민하는
세상의 모든 직장인을 위하여

"요즘 일이 잘 안 돼요. 즐겁게 일하는 방법이 없을까요?"
"전 하고 싶은 일이 없어요. 어떡하면 좋지요?"

일에 관한 블로그 '북스&앱스(Books&Apps)'를 시작하고 나서 이런 고민을 자주 듣는다.

사람들이 즐겁게 일하고 싶다는 바람을 갖게 된 것은 아주 최근의 일이다. 현대 이전까지 인간에게 일이라는 것은 그저 하루하루 먹고살 양식을 벌기 위한 노동 행위였을 뿐, 일의 즐거움이나 가치를 따지는 것은 이차적, 삼차적 문제였다. 노동을 천하다고 치부해 돈을 버는 행위는 신분이 낮은 자들의 몫이라고 여겼다. 자신의 선택으로 직업을 고르는 것도 18세기 시민혁명 이후에나 가능해졌다. 수천 년 이상 이어온 인류 문명사에서 보면 그 기간은 근대 이후의 아주 짧은 시기에 해당한다.

우리는 인류 역사상 최초로 '일의 가치', '직업 선택'의 문제로 고민하고 있다. 현대인 특유의 고민인 셈이다. 어떻게 일해야 하는가. 무엇을 직업으로 삼아야 하는가. 이것은 우리 스스로 생각해 후대 사람들에게 알려줘야 하는 과제 중 하나다.

나는 컨설팅 회사에서 12년 넘게 근무하는 동안 1천여 곳의 대기업과 중소기업을 방문하며 8천 명이 넘는 사람들을 만났다.

그뿐만 아니라 공적 또는 사적으로 만난 사람들과 많은 이야기를 나누면서 '일은 왜 해야 할까', '어떻게 하면 즐겁게 일할 수 있을까'라는 문제에 대해 누구나 자신만의 견해나 일종의 철학을 가지고 있다는 사실을 알게 되었다.

내가 아는 대기업 관리직에 있는 어떤 사람은 이런 말을 했다.

"일의 세계는 냉엄해서 일할 때 느끼는 즐거움은 일순간에 지나지 않는다. 하지만 그 순간은 더할 나위 없이 짜릿하다."

또한 어느 프리랜서는 "즐겁지 않은 일은 단 하루라도 해서는 안 된다"라고 했으며, 한 경영자는 "나의 일은 직원들이 사회를 위해 자신의 장점을 발휘할 수 있는 장(場)을 만드는 것이다"라고 말하기도 했다.

지금까지 내가 보고 들은 많은 이야기는 '일을 맡으면 무엇부터 해야 하는가'처럼 지금 당장 직장에서 활용할 수 있는 요령부터 '어떤 상사가 신뢰받는가'처럼 인간 본질에 대한 문제까지 매우 다양했다.

그 이야기들을 혼자만 알고 있기는 아까웠기에 블로그라는 수단을 통해 더 많은 사람과 공유하기 시작했다. 다행스럽게도 이제까지 100만 명이 넘는 사람들이 내 블로그를 찾아줬다. 조금은 오만한 생각일지 모르겠지만 나는 이 블로그가 일 때문에 고민하는 이들에게 하나의 정보원 역할을 하고 있다고 믿는다.

하지만 블로그는 포맷 특성상 쓰고 싶은 내용이 떠오를 때마다 작성한 글을 단지 엮어놓은 공간일 뿐, 정보가 체계적으로 정리되어 있지 않다. 일과 그다지 관련 없는 이야기도 꽤 있어서 필요한 정보를 곧바로 찾기 어려울 때도 있다.

그래서 나는 일과 관련된 콘텐츠를 읽기 쉽도록 한 권의 책으로 정리하고 편집했다. 이 책은 단기적으로 활용 가능한 콘텐츠와 장기적으로 활용 가능한 콘텐츠로 분류해, 기간순으로 배열하고 내용을 수정·집필했다.

책의 구성은 다음과 같다.

1장. 오늘부터 할 수 있는 일: '결심하기'에 관한 내용이다.

2장. 일주일 정도 걸리는 일: 상대방이 이해하기 쉽게 말하는 방법과 처음 만나는 사람과 가까워지는 방법 등에 대해 다룬다.

3장. 한 달 이상 힘써야 하는 일: 회사에서 신뢰를 얻는 방법과 효과적인 커뮤니케이션 방법을 싣고 있다.

4장. 일 년 정도 전념해야 하는 일: 노력을 성과로 이끄는 데 필요한 지식과 성과를 내는 능력을 기르는 훈련법에 대해 알아본다.

5장. 삼 년은 투자해야 하는 과제: 리더십과 부하, 동료, 상사에 대한 매니지먼트를 주제로 살펴본다.

6장. 평생 노력할 가치가 있는 일: '우리는 왜 일을 해야 하는가'에 대해 생각해본다.

각 장에 실린 글은 현장에서 얻은 구체적인 이야기를 바탕으로 하고 있다. 물론 이러한 분류는 절대적이지 않다. 읽는 사람에 따라 순서가 바뀔 수 있다. 그러므로 이 분류는 어디까지나 참고용 정보임을 밝혀둔다.

언론 매체나 책 또는 인터넷에서는 세계적인 인물의 성공 신화를 심심찮게 접할 수 있다. 나 역시 예전에는 성공한 사람들을 동경해 그들에게서 유익한 정보를 얻으려고 애쓴 적이 있다.

하지만 오랫동안 이 일을 하면서 성공한 위인들의 에피소드보다 우리 주변에 있는 평범한 사람들의 이야기에서 배울 점이 훨씬 더 많다는 사실을 깨달았다.

이 책에서 내가 전하는 이야기는 평범한 사람들이 고민해서 내린 결론, 결코 성공이라고는 말하기 어려운 경험담, 현장에서 느낀 솔직한 소감 등이다. 실제로 일 때문에 고민하는 직장인들에게는 이런 일반인의 이야기가 더 공감이 가고 유용하지 않을까 싶다.

누구라도 한 번에 큰 변화를 일으킬 수는 없다. 무슨 일이든 끝까지 해내기 위해서는 그만큼 준비하고 시간을 들여 꾸준히 노력해야 한다.

이 책이 일로 고민하는 사람들에게 조금이나마 도움이 되기를 바란다.

CONTENTS ──────

| 1 DAY | 1 WEEK | 1 MONTH | 1 YEAR | 3 YEARS | LIFETIME |

1 오늘부터 할 수 있는 일 **결심하기**

| 1 DAY | 1 WEEK | 1 MONTH | 1 YEAR | 3 YEARS | LIFETIME |

6 평생 노력할 가치가 있는 일 일을 통해 더 좋은 삶 만들기

1

오늘부터 할 수 있는 일
···

결심하기

오늘부터 할 수 있는 일은 얼마나 될까?

애석하게도 하루 만에 할 수 있는 일은 많지 않다.

하지만 오늘이 아니면 할 수 없는 일이 한 가지 있다.

바로 뭔가를 하겠다고 결심하는 것이다.

아무리 대단한 목표를 세웠어도

'오늘부터 시작하자!' 하고 결심하지 않으면 아무것도 이룰 수 없다.

이 장에서는 결심하는 일에 대해 이야기하고자 한다.

작지만 꾸준한 습관이
인생을 바꾼다

"학생 때 열심히 공부해서 좋은 대학에 들어가 좋은 회사에 취직하면, 평생 편안하게 살 수 있어."

요즘도 이렇게 말하는 사람이 많다.

물론 공부를 열심히 하는 것은 좋지만 그런 말을 하는 사람 중에는 "학창 시절에 열심히 살지 않으면 인생은 돌이킬 수 없다"라고 주장하는 이도 있다.

나는 그런 말을 들을 때마다 떠오르는 사람이 있다.

예전에 직원 대부분이 50세 이상인 회사를 방문한 적이 있다. 사장은 이미 65세를 넘겼으며 임원도 다들 60세 이상이었다. 평소에

나는 직원 대부분이 20~30대인 회사를 주로 방문했기 때문에 그 회사가 정말 특이하게 느껴졌다.

나는 사장에게 솔직하게 질문했다.

나: 이렇게 젊은 사원이 없는 회사는 처음 봅니다.

사장: 그렇지요? 이런 곳은 별로 없을 겁니다.

나: 왜 젊은 사원이 안 보이나요?

사장: 이유야 단순하지요. 안 뽑으니까요.

나: 안 뽑는다고요?

사장: 그렇습니다. 우리 회사는 50세가 넘는 사람만 채용합니다.

상식적으로 이해하기 어려운 얘기였다. 어느 회사나 보통은 젊은 직원을 채용하고 싶어 한다. 나는 그 이유에 대해 물어보았다.

사장: 이상한가요? 일반적으로 생각하면 그럴지도 모르지요. 하지만 채용 조건에는 나이 말고도 하나 더 있습니다. 대단한 건 아니지만요.

나: 그게 뭔가요?

사장: 인생을 바꾸고 싶어 하는 사람만 채용하고 있지요.

인생을 바꾸고 싶다니, 얼마나 거창한 말인가. 나는 그 속에 담긴 참뜻을 알고 싶었다.

나: 50세 이상인 데다 인생을 바꾸고 싶어 하는 사람을 뽑는다고요? 특이한 채용 기준이네요…….
사장: 그렇지요? 보통은 "인생을 바꾸고 싶다면 한 살이라도 젊을 때 해야 한다"라고 말하니까요. 하지만 인생을 바꾸는 일은 누구라도 언제든지 가능합니다.
나: 조금 더 자세히 말씀해주시겠어요? 꼭 듣고 싶습니다.

사장은 흔쾌히 그러겠노라고 말했지만, 나는 여전히 반신반의하고 있었다.

사장: 내가 직원들에게 항상 하는 말이 있습니다. 인생을 바꾸고 싶다면 아주 사소한 사실 몇 가지만 알고 있으면 된다고요.
나: 네…….
사장: 첫 번째로 인생을 바꾸는 것은 갑작스러운 우연이나 대단한 사건이 아니라 일상의 사소한 습관이라는 점입니다. 뭔가를 꾸준히 계속하는 습관이 중요하지요. 예를 들어 '아침 일찍 일어나기'나 '출퇴근 시간에 책 읽기'도 좋아요. 일도 마찬가지입니

다. '매일 열 명의 고객에게 전화하기'든 '고객에게 진심을 담은 메일 쓰기'든 어떤 일이어도 좋습니다. 인생은 작은 습관에서부터 바뀝니다.

나: 하지만 큰 변화를 기대하기는 어려울 것 같은데요…….

사장: 정말 그럴까요? 매일 열 명의 고객에게 전화한 직원은 영업 실적 1위를 하게 됐지요. 정성을 다해 고객에게 메일을 쓴 직원은 재구매 고객률 1위를 달성했고요. 2년 정도 하면 누구든 자신감을 얻을 수 있어요.

나: …….

사장: 어쨌든 뭔가를 꾸준히 하는 습관을 들이는 것은 인생을 바꾸는 첫걸음입니다.

뭔가를 꾸준히 하는 습관을 들이는 데 성공한 경험은 틀림없이 사고방식에 큰 변화를 가져올 것이다.

사장: 두 번째는 방금 말한 습관이 완벽하게 몸에 배었다면 다음 습관에 도전하는 것입니다. 뭐든지 좋으니 항상 새로운 일을 시작하는 것이지요.

나: 그게 무엇이든 상관없나요?

사장: 그럼요, 뭐든지 좋아요. '인사 잘하기'나 '저녁 9시 이후로

는 아무것도 안 먹기'도 좋아요. 예전부터 생각하고 있던 일을 하면 됩니다.

나: 그렇군요……. 저도 해보고 싶었던 일이 있긴 합니다.

사장: 이 단계까지 이르는 데 대부분 5년 정도 걸립니다. 하지만 여기까지 성공한 사람은 다들 몰라보게 변해 있지요.

5년이라는 말을 듣고 나는 솔직히 꽤 오래 걸린다고 생각했다. 그리고 계속해서 그에게 질문했다.

나: 그런데 습관을 계속 이어나가지 못하는 사람도 분명 있지 않을까요?

사장: 그렇지요. 그래서 세 번째는 하나에 실패하면 다음 목표를 세우는 것입니다. 못하는 것은 억지로 계속하지 않아도 됩니다. 실패 경험 자체가 노하우가 되니까요. 자신과 맞는 습관이 있는가 하면 맞지 않는 습관도 있기 마련이니 지나치게 애쓰지 않아도 돼요. 이 점을 꼭 기억하세요. 아까 언급했던 '고객에게 전화 걸기'를 목표로 한 직원은 그 습관을 완전히 몸에 익히기까지 두 번이나 좌절했어요. 실패했다고 자책할 필요는 없습니다. '자신이 할 수 없는 일'을 알게 된 것만으로도 큰 의미가 있지요.

단순히 '자신이 계속할 수 있는 일을 꾸준히 해나간다'라는 발상이다. 무리하게 애를 써야만 계속할 수 있는 일은 습관으로 굳히기 힘들 것이고 그것은 본인의 장점이 아닐 가능성이 크다. 맞는 말이다.

사장: 이제 네 번째 항목입니다. 절대 남 탓을 하지 않는 것입니다. 남 탓을 하는 것은 자기 인생을 스스로 결정하지 않는 것과 같아요.

나: 상사에게 문제가 있는 경우라도요?

사장: 네, 그럼요. 상사의 탓이든 자신의 탓이든 어차피 결과는 같을 테니까요. 괴로워하는 만큼 시간만 낭비하게 되지요.

나: …….

사장: 다음으로 다섯 번째 항목이에요. 사람들에게 친절해야 합니다.

나: 평범하네요. 그런 게 효과가 있을까요?

사장: 물론이지요. 중요한 사실입니다. 모든 변화는 타인에게 친절을 베푸는 일에서 시작합니다. 평소 지하철을 타면 나이 든 분께 자리를 양보하시나요?

사장: 마지막이네요. '인생을 바꾸겠다고 결심한 시점부터 이미

인생은 바뀌기 시작한다'라고 믿어야 합니다.

나: 무슨 뜻이지요?

사장: 쉰 살에 인생을 바꾸겠다고 결심하는 게 얼마나 큰일인지 아시겠습니까?

나: 상당히 큰 결심이라는 말씀이지요?

사장: 그렇지요. 그래서 나는 쉰 살이 넘은 사람들과 면접을 봅니다. 그리고 지금 한 이야기에 공감하는 사람만 채용을 하지요. 나는 그런 사람들을 존경하거든요.

중년에 접어들면 인생은 바꿀 수 없다거나 인생의 궤도를 수정하는 데 상당한 에너지가 필요하다는 이야기를 종종 듣게 된다. 그럴 때마다 나는 '꼭 그런 것만은 아니지' 하며 그 사장의 말을 되새기곤 한다.

'해보고 싶다'는 미신,
'해봤다'는 과학

내가 아는 어느 경영자는 누군가가 "나중에 ○○을 해보고 싶어요"라고 말하면 곧바로 "그래서 자네는 지금 뭘 하고 있나?"라고 단호하게 되묻는다. 얄궂은 사람이다. 하지만 그도 재미로 그렇게 받아치는 것은 아니다.

그는 '해보고 싶다'와 '해봤다'는 하늘과 땅 차이기 때문에 상대방을 위해 하는 말이라고 설명한다.

"그 두 가지는 전혀 다른 이야기야. 진심이냐 아니냐 하는 진부한 정신적 차원의 문제가 아니지. 큰 차이가 있다고."

한 젊은 회사원이 그에게 "나중에 독립해서 회사를 차리고 싶습니다"라고 말했다. 그는 "그래서 지금 무엇을 하고 있나요?"라고 물었다. 그 회사원은 "지금은 창업에 필요한 공부를 하고 있습니다"라고 답했다. 이에 그는 냉정하게 말했다.

"공부를 하고 싶다면 지금 당장 사표를 쓰고 본인의 회사를 차리는 것이 가장 큰 공부가 될 텐데요."

젊은 회사원은 못마땅한 표정을 지으며 응수했다.

"아니, 차리기만 하면 뭘 합니까? 성공해야 의미가 있지요. 지금은 그럴 때가 아닙니다. 아직 저에게는 인맥이나 지식도 없고요. 인맥과 지식을 충분히 쌓을 때까지는 독립하지 않을 생각입니다."

또 다른 여성이 그에게 "전 나중에 독립할 생각이에요"라고 말했다. 그는 항상 하던 대로 "그래서 지금 무엇을 하고 있습니까?"라고 물었다.

"이제 800만 엔을 모았어요. 일 년 후에 회사를 차리려고 지금은 제 고객이 될 만한 사람들을 만나고 있어요."

그는 그녀의 대답을 듣고는 "그런가요? 잘되길 바랍니다"라며 응원했다.

한 학생이 "영어 회화를 잘하고 싶어요"라고 말하자 그는 "그래서 지금 무엇을 하고 있지?"라고 물었다. 학생은 "회화 학원에 다니려고 합니다"라고 답했다. 그는 "아직 학원도 안 다녔어?" 하며 학생을 추궁했다. 그 학생은 이렇게 말했다.

"지금은 연구 때문에 너무 바빠서……. 어떻게 하면 효율적으로 공부할 수 있을지 생각하고 있어요."

한번은 어느 고등학생도 "전 영어를 잘하고 싶어요"라고 그에게 말했다. "그래서 지금 무엇을 하고 있니?"라고 그가 묻자 학생이 답했다.

"2년 후에 유학을 가기 위한 어학 테스트가 있습니다. 그 테스트에 합격하기 위해 유학 전문 학원에 다니면서 합격자들에게 공부법을 배우고 있어요. 아주 친절한 멘토가 한 명 있어서 그 사람이 가르쳐준 방법대로 공부하고 있습니다."

그 얘기를 듣고 그는 "그렇게 하면 반드시 합격할 거야"라며 학생을 격려했다.

그는 말했다.

"'해보고 싶다'와 '해봤다'에는 큰 차이가 있거든. 진정성 같은 추상적인 차이를 말하는 게 아니야."

나는 이해가 잘 안 돼서 그에게 물었다.

나: 진심인지 아닌지의 문제가 아니라면 어떤 차이지?

그: 간단해. '해봤다'는 과학이고, '해보고 싶다'는 미신이지.

나: 그게 무슨 뜻이야?

그: 뭔가를 해보면 데이터를 얻을 수 있어. 그 데이터를 기반으로 더 좋은 방법을 생각해낼 수 있지. 실험을 통해 정확한 검증을 하고 재현할 수 있다면 과학인 거야. 하지만……

나: 하지만?

그: 아무것도 하지 않은 사람은 그저 확신과 추측만으로 움직일 수밖에 없어. 다시 말해 미신과 다를 바 없는 것에 의지하고 있는 거지. 독립해서 회사를 차리고 싶다면 실제로 고객들을 만나 상품을 보여줘야 데이터를 얻을 수 있지 않겠어?

나: 하지만 그렇게 하기가 두려운 사람도 있잖아.

그: 맞아, 미신도 한때는 모두가 두려워했어. 혹시 제너라는 의학자를 알아?

나: 천연두 백신을 만든 사람?

그: 응. 제너는 과학적인 검증을 통해 백신을 만들었지. 하지만 미신을 믿는 사람은 백신 주사를 맞으면 소가 될 거라면서 무서워했어. 확실한 근거도 없이 말이지.

나: 그랬군.

그: 갈릴레오 갈릴레이가 낙하 실험을 하기 전까지는 다들 무거운 물체가 가벼운 물체보다 더 빨리 떨어진다고 믿고 있었어.

나: 그랬지.

그: 그러니까 실제로 해보기 전까지는 무슨 일이 일어날지 정확히 알기 어려워. 그래서 실험과 데이터가 필요하지. 맹목적인 확신과 어림짐작이 아니라.

나: …….

그: 난 회사에서도 부하 직원들에게 항상 말해. 두려워하지 말고, 하루빨리 가설을 증명하기 위해선 데이터를 모으라고 말이야.

나는 그의 말을 들었을 때, 수많은 회사에서 얼마나 많은 사람이 확신과 억측으로 말하는지를 떠올렸다.

"그 말이 맞네. '해봤다'와 '해보고 싶다'는 완전히 달라."

아웃풋을 우선시할 때
얻을 수 있는 것들

누구나 자신의 실력을 효율적으로 향상시키고 싶어 한다. 하지만 어떻게 하면 효율적으로 향상시킬 수 있는지에 대한 의견은 분분하다. 그리고 의견이 나뉘는 것 중 하나가 바로 실력 향상의 방법으로서 인풋(input)을 우선시할 것인가 아니면 아웃풋(output)을 우선시할 것인가에 대한 문제다.

이해하기 어려우니 예를 들어 생각해보자. 예컨대 영어 공부를 할 때 인풋을 중시하는 사람은 단어나 문법, 구문 표현 등을 먼저 공부한다. 그렇게 지식을 어느 정도 머릿속에 넣고 나면, 그다음에 실제 원어민과 대화하는 단계로 넘어간다.

반면 아웃풋을 중시하는 사람은 손짓을 하든 발짓을 하든 상관 없이 무조건 '원어민과 대화하기'가 먼저다. 그런 후에 '이렇게 말했으면 더 좋았을까?' 혹은 '다음에는 이런 표현을 써봐야지' 하며 자기 실력을 보강하기 위한 인풋에 힘쓴다.

수학도 마찬가지다. 인풋을 먼저 생각하는 사람은 일단 교과서를 완벽하게 이해하려고 노력한다. 그런 다음에 문제집을 푼다.

반대로 아웃풋을 먼저 생각하는 사람은 처음부터 문제집을 풀기 시작한다. 문제를 못 푼다고 해도 일단 부딪혀본다. 그런 다음에 자신이 몰랐던 부분을 찾아 공부한다.

물론 이는 공부에만 해당하는 얘기가 아니다. 예를 들어 자사 미디어(owned media)•를 개설하는 일을 맡았다고 하자.

인풋을 중시하는 사람은 각종 미디어를 연구하고 분석한다. 그렇게 얻은 지식을 활용해 미디어를 만들어나간다. 하지만 아웃풋을 중심으로 생각하는 사람은 일단 무조건 자사 미디어를 만들어본다. 기사와 매체만 있으면 어쨌든 미디어 형태는 갖출 수 있다. 우선 만들어본 후 독자들의 반응을 살피면서 수정해나간다.

• 자사 홈페이지나 자사 블로그 등 기업이 자체적으로 보유한 미디어—역주. 이하 각주는 모두 역주다.

회사의 스타일은 매우 다양하므로 여기서 어느 방법이 나은지에 대해서는 논하지 않겠다. 다만 내가 지금까지 만난, 소위 '일 잘하는 사람들'은 대체로 아웃풋 중심이었던 것 같다.

일례로 소프트웨어 개발 회사에서 근무하고 있는 H는 부하 직원이 프로젝트 매니저를 맡았을 때 도움을 주기 위해 '프로젝트 매니지먼트 매뉴얼'을 만들어 보관하고 있다. 하지만 부하 직원이 매니저를 맡은 지 반드시 한 달이 지나야만 그 매뉴얼을 넘겨준다고 한다.

내가 그에게 "왜 매니저를 맡자마자 바로 넘겨주지 않는 거지요?" 하고 물으니 "처음부터 넘겨줘봤자 제대로 읽지 않거든요. 일단은 부딪혀보고 고민이 생겼을 즈음 매뉴얼을 넘겨주면 꼼꼼히 읽고 도움을 얻지요"라고 대답했다.

또 어느 영업 회사에서 최고 실적을 자랑하는 영업 사원 N은 "새로운 영업 방법 같은 뭔가 색다른 시도를 해보고 싶으면, 일단은 제가 직접 시험해보고 나서 잘 안 될 때만 책 같은 걸 참고해요"라고 말했다.

프리랜서로 게임 개발을 하는 Y는 프로그래밍 실력을 높이는 방법에 대한 질문에 이렇게 단언했다.

"뭐든지 좋으니 일단 소프트웨어를 만들어보세요. 책을 사서 공부하거나 학교에 다니는 방법도 좋지만, 그보다 더 좋은 방법은 어떤 결과물이든 일단 만들어보는 겁니다."

일 년 만에 토익 점수를 400점대에서 800점대까지 끌어올린 어느 대기업 경영기획팀의 E에게 어떻게 공부했는지 비법을 물어봤을 때 나는 이런 대답을 들었다.

"일단 토익 시험을 쳐봤어요. 문제 내용이나 해결 방법, 시험 분위기 등을 알아보고 나서, 그다음엔 모의고사만 열심히 풀었습니다. 단어나 문법은 나중에 기억이 잘 안 나는 부분만 공부했고요."

하지만 이런 식으로 행동하는 사람은 극히 일부에 지나지 않는다. 대부분은 인풋부터 생각한다. 왜 많은 사람이 인풋을 우선시할까?

아마도 학교에서 경험한 공부 방식 때문일 것이다. 일반적으로 학교 공부는 문제집을 먼저 풀고, 그다음에 모르는 부분만 교과서로 공부하는 방식이 아니다. 교과서를 꼼꼼히 공부한 후에 문제집을 푼다. 이런 스타일에 익숙해 있기에 많은 사람이 인풋 중심의 방식을 쉽게 따르게 된다.

그런데 이 방법에는 단점이 많다. 구체적으로는 '아직 안 배워서 못하겠다'라는 변명을 허용할 수밖에 없는 상황이 발생한다. 또한 앞으로 배울 내용을 미리 공부한 아이에게 "초등학교 시험 문제를 방정식으로 풀면 안 돼. 배우지 않은 한자를 써도 안 되지"라고 하는 것처럼 아직 안 배운 것은 쓰지 말라는 제약이 생기는 상황을 초래할 수 있다.

원래 뭔가를 완벽하게 배울 수 있는 경우란 극히 드물다. 특히 일을 하다 보면 예습할 수 없을 때가 훨씬 더 많다. 사회생활에서는 '배운 적도 공부한 적도 없어서 못 하겠다'라는 변명은 잘 받아들여지지 않는다. 그래서 일을 잘하는 사람은 아웃풋을 중시하면서 실력을 높이는 방식을 몸에 익혀왔을 것이다.

하루라도 빨리 업무 능력을 끌어올리고 싶다면 아웃풋 중심으로 생각해야 한다는 점을 명심하자. 이 점을 아는지 모르는지에 따라 큰 차이를 경험할 것이다.

목표를 세우는 데는
용기가 필요하다

"목표를 설정하는 일은 매우 중요하지만 동시에 두려운 일이기도 하다. 그러니 용기를 가져라."

어느 경영자가 해준 말이다. 그 경영자는 자신이 한 말에 대해 이렇게 설명했다.

경영자: 자네는 뭔가 이루고 싶은 일이 있는가?

나: 네.

경영자: 그렇다면 먼저 인생의 시간은 유한하다는 점을 알아야 하네. 자네에게 남아 있는 시간은 그리 길지 않아.

나: 알고 있습니다.

경영자: 그러면 '실현 가능한 일'을 목표로 하고 싶은가? 아니면 '정말 하고 싶은 일'을 목표로 삼고 싶은가? 만약 후자라면 말이지…….

나: 후자라면요?

경영자: 목표 달성까지 아주 많은 시간이 걸리지.

나: 그럴 수도 있지요.

경영자: 그러니 정말 원하는 바를 이루고 싶다면 인생의 많은 시간을 목표 달성을 위해 할애해야 한다는 뜻이지.

나: 네, 그렇지요.

그는 내가 맞장구를 치자 몸을 앞으로 기울이며 말을 이었다.

경영자: 그러니까 사람은 목표 달성을 위해선 여러 가지 가능성을 포기해야만 하네.

나: 무슨 말씀이신지요?

경영자: 잘 들어보게. 목표를 세우는 일은 곧 가능성의 폭을 좁히는 일이네. 타이거 우즈는 세 살 때 골프 이외의 모든 가능성을 닫아버렸지. 그러니 그 정도로 높은 수준에 오를 수 있었던 것 아니겠나.

나: ······.

경영자: 자네도 어른이니 '우리에게 무한한 가능성이 있다' 같은 말을 곧이곧대로 믿어서는 안 되네. 물론 선택지는 무한하네만, 어느 하나를 택하지 않으면 어떤 목표도 이룰 수 없어.

나: 하지만 하고 싶은 일이나 목표를 정한다는 게 그리 쉽지만은 않습니다.

경영자: 용기가 없군, 자네는. 목표를 세우는 일이 두려운가?

나: 네······.

경영자: 누구나 마찬가지네. 목표를 세우는 것은 아주 두려운 일이야. 실패하면 어떻게 될지, 목표를 잘못 설정한다면 어떡해야 할지 걱정되는 게 당연하네. 그래서 목표를 세울 땐 이런저런 두려움에 맞서 싸우기 위한 용기가 필요하지.

나: ······.

경영자: 물론 모든 사람이 용기를 가지고 목표를 정할 수 있는 것은 아니야. 하지만 이루고 싶은 일이 있다면 반드시 용기를 내야 하네.

나: 용기라는 건 아이들이 보는 만화에나 나오는 말이라고 생각했습니다.

경영자: 현실은 만화와 달라서 언제 용기가 필요한지 쉽게 알아채기 어렵네. 물론 목표를 정하지 않는 쪽이 편하긴 해. 하지만

결정하지 않는 인생을 사는 게 결정하는 인생을 사는 것보다 실은 더 두려운 일이라네.

어른은 가능성과 맞바꿔 목표를 정해야 한다.

자신이 하고 싶은 일을
하고 있는가

"회사에 불만이 있다면 먼저 자기 자신을 바꿔라."

자주 듣는 말이다. 분명 이 말이 맞을 때도 많다. 하지만 항상 맞는 말은 아닌 듯하다.

예를 들어 이런 상황을 가정해보자. 어느 기술자가 대학 졸업 후 처음으로 들어간 회사에서 7년 동안 근무했다. 오로지 기술직 하나에만 매달렸는데, 갑자기 영업을 하라는 지시를 받고 영업부로 이동하게 되었다. (실제로 샤프는 2012년 생산·연구 분야의 사원 900명을 영업직으로 이동시켰다.)

영업은 기술자에게는 미지의 세계기 때문에 업무 능력을 갖추기까지 시간이 걸린다. 물론 장기적인 안목으로 보면, 자신들이 개발한 서비스를 고객의 관점에서 살펴보는 일은 결코 나쁜 선택이 아니다.

그렇다면 회사의 방침에 따라 영업직에서 최선을 다해야 할까, 아니면 불만을 숨기지 않고 이직을 고민해봐야 할까? 이도 저도 아니면 회사에 남아 있으면서 적당한 시기를 기다려야 할까?

우선은 어떤 일이라도 일류가 되기까지는 많은 시간이 걸린다는 사실에 주목해야 한다.

그러니 지금 20대인 기술자가 영업자로서 새로운 경력을 쌓는다고 하면, 그 분야의 최고가 되는 것은 30대 후반 즈음이 될 것이다. 그때는 전직을 하고 싶어도 선택지의 폭은 지금보다 분명 좁을 것이다. 가벼운 마음으로 쉽게 "영업직으로 옮기겠습니다"라고 말할 수 있는 문제가 아니다.

하기 싫은 일, 흥미 없는 일을 평생 피해 갈 수 있는 사람은 없다. 하지만 만약 '1년 정도는 텔레마케터로 일할 수 있지만 5년은 못 하겠어'라고 생각한다면 1년이 지나자마자 그만두는 것이 좋다. 텔레마케터로 평생 먹고살 생각이 아니라면 말이다. 인생의 귀중한 시간을 낭비할 필요는 없다.

결국 일류가 되려면 자기 일을 신중하게 선택해야 한다. 쓸데없는 일을 하고 있을 여유는 없다. 어떤 일이라도 즐거운 마음으로 하지 않으면 오래 할 수 없으며, 최고가 되기 위해서는 즐거움만이 아니라 피나는 노력도 필요하다. 자신을 변화시키는 일은 어지간한 노력으로는 불가능하다.

스티브 잡스는 이렇게 말했다.
"만약 오늘이 인생의 마지막 날이라면, 지금 하려는 일을 할 것인가? 이 질문에 'No'라고 대답하는 날이 계속된다면 뭔가를 바꿀 필요가 있다."

현시점에서는 어느 쪽이 더 나을지 알 수 없다. 영업직을 선택하는 것이 도움이 될 수도 있고, 반대로 도움이 안 될 수도 있다.
그러니 진심으로 자기 자신을 믿는다면 방황할 필요가 없다. 자신이 하고 싶은 일, 최선을 다해 진지하게 임할 수 있는 일만 좇으면 된다.
지금 회사에 머무르고 있는 이유도 다시 생각해봐야 한다.
스스로에게 물어보자. 하고 싶은 일을 아직 찾지 못했다면, 지금 일하는 분야에서 일류가 되는 것을 목표로 삼을 것인가. 그렇지 않다면 어떤 분야에서 최고가 되고 싶은지 하루라도 빨리 정해야 한다. 결단이 빠르면 빠를수록 성공할 가능성은 커지기 때문이다.

회사에 불만이 있다면 자신을 바꾸기 전에 먼저 선택하고 결단을 내리는 것이 중요하지 않을까. 자신을 바꾸는 일은 그 후에 해도 늦지 않다.

회사를 그만둘
시기를 판단하려면

"회사를 그만둘까 고민 중이에요……"라며 상담을 청하는 사람이 많다. 지금 다니는 회사를 그만둬야 할까? 아니면 계속 다녀야 할까?

판단하기가 무척 힘든 문제다.

나는 경력 관리 전문가도 아니고, 이직을 도와줄 수 있는 사람도 아니다. 그래서 그런 사람들에게 큰 도움을 주지는 못한다. 그저 이야기를 들어줄 뿐이다.

그런데 그런 사람들이 하는 이야기는 대부분 비슷하다. 간단히 말하자면 다음과 같다.

"지금 회사에서 일하는 게 너무 재미없어요. 저는 열심히 한다고 하는데 윗사람들은 어떻게 생각하는지도 모르겠고요. 그냥 저 혼자만의 생각일지도 몰라서 상사 탓을 할 수는 없지만 가끔 궁금하긴 해요. 다른 회사에 가도 똑같을 것 같기도 하고 퇴사가 쉬운 일도 아니잖아요. 그렇다고 해서 달리 하고 싶은 일이 있는 것도 아니에요. 어떻게 하면 좋을까요?"

이렇게 그들은 딱히 상사를 탓하고 있지도 않고, 어쩌면 회사에서 그들 나름대로 괜찮은 성과를 내고 있을지도 모른다. 그저 막연하게 회사나 일이 재미없다고 느끼고 있을 뿐이다.

분명 나도 같은 생각을 한 적이 있다. 그래서 그들이 어리광을 부리는 것처럼 보이지 않는다. 그렇기에 "다들 그런 생각을 하니 그냥 마음을 다잡고 일에 집중하세요"라고 말하고 싶지 않다. 그 정도 사실은 모두 충분히 알고 있다.

요즘 같은 시대에 한 회사에서 정년까지 근무하는 사람이 얼마나 될까. 아마도 현재 20~30대인 회사원 중에는 그런 사람이 현저하게 줄어들지 않을까.

실제로 후생노동성의 자료 〈지속 가능한 활력이 있는 사회를 실현하는 경제·고용시스템〉에 의하면 44세 이하 사람들의 근속연한은 점점 짧아지고 있다고 한다. 따라서 빠르건 늦건 누구에게나 그만둘 시기를 고민해야 하는 때가 닥친다.

그렇다면 회사를 그만둘 시기를 어떻게 판단하면 좋을까? 아래에 나오는 항목 중 어느 하나라도 해당한다면 그만둬도 괜찮다고 말하고 싶다.

- 일하지 않는 사장과 상사 밑에서 근무하고 있다.
- 사장의 개인적인 욕심을 채우는 일에 동참하고 있다.
- 예의가 없는 사람과 함께 일하고 있다.
- 마음이 맞지 않는 사람과 일하고 있다.
- 욕설이 난무하는 회사에서 일하고 있다.
- 언론이 통제되는 회사에서 일하고 있다.
- 고객을 속여야 하는 회사에서 일하고 있다.
- 지나치게 무모한 목표를 달성하기 위해 애쓰고 있다.
- 의욕 있는 척하는 날이 계속되고 있다.
- 자신도 좋아하지 않는 상품을 판매하고 있다.
- 가족이 힘든 일을 당했을 때도 일을 우선시하고 있다.

물론 때에 따라서는 참고 견뎌야 할 수도 있다. 하지만 우리의 인생은 매우 짧다. 앞에서 언급한 상황 속에서 귀중한 시간을 기약 없이 낭비하고 있다면, 결국은 자신만 손해를 볼 뿐이다.

2

일주일 정도 걸리는 일
....

작은 변화 일으키기

자신이 이루고 싶은 큰 목표에 비추어 생각해보면,

이것은 아주 작고 하찮게 느껴질지도 모른다.

하지만 아무리 능력이 뛰어난 전문가라도

반드시 처음 시작한 날이 있었다.

그날 내디딘 첫걸음은 분명 서툴고 미미했을 것이다.

이 장에서는 처음 내딛는 한 발,

즉 작은 변화를 일으켜 큰 변화를 만드는 데 필요한 이야기를 하고자 한다.

일 잘하는 사람이 되는
가장 빠른 길

"어떻게 하면 일 잘하는 사람이 될 수 있을까요?"

젊은 직장인들이 자주 하는 질문이다.

"논리적인 사고력을 가져야 할까요?"

"영어를 잘해야 할까요?"

"자격증을 따는 게 좋을까요?"

대부분 이런 종류의 질문을 한다. 물론 다 맞는 말이다.

하지만 나는 컨설턴트로서 많은 회사를 방문하며 여러 가지를 보고 배우는 동안, 일을 잘하기 위한 가장 중요한 비법은 그런 것이 아님을 깨달았다.

내가 그 비법을 알게 된 것은 어느 회의에서였다.

회의 주제는 '고객 유치'였다. 새로운 서비스를 시작했지만 고객 반응이 별로 좋지 않아서 앞으로 어떻게 해야 하는가에 대해 부문 전체가 모여 논의하는 자리였다.

회의 참석자는 15명 정도로 나이 어린 사원부터 베테랑 직원, 부문장까지 주요 멤버가 한자리에 모였다.

나는 사회자라는 명목으로 회의에 참석했지만 실질적으로는 부문장 옆에서 회의록을 정리하는 역할을 맡았을 뿐, 최종적인 결정 권한은 부문장에게 있었다. 회의는 먼저 현재 상황 보고로 시작되었다. 판매 상황, 고객 수, 거래 추이, 광고지의 구체적인 사례부터 수익 예측까지 다양한 이야기가 오갔다. 대략 한 시간 정도 이어졌을까. 한 차례 보고가 끝나자 부문장이 말을 꺼냈다.

"아이디어가 있는 사람은 발표해보세요."

침묵 속에서 시간이 흘러갔다. 그렇게 5분쯤 지났을 때였다. 20대 후반 정도로 보이는 젊은 사원이 슬그머니 손을 들었다.

"제가 해도 될까요?"

부문장이 고개를 끄덕이자 그는 천천히 이야기하기 시작했다.

"감사합니다. 그럼 제 의견을 말씀드리겠습니다. 현재 이 서비스의 반응이 좋지 않은 이유는 캐치프레이즈에 있다고 생각합니다. 제가 봤을 때 이 서비스의 원래 타깃은 '직원 300명 이상의 기업'입니다. 하지만 현재 사용하고 있는 캐치프레이즈는 '직원 100명 정도의 중소기업'을 타깃으로 하고 있다는 인상을 줍니다. 이 점이 현재 판매량이 낮은 원인이라고 생각합니다."

부문장은 계속해서 말하라고 했다.

"그래서 제가 제안하는 바는 캐치프레이즈를 이렇게 바꾸는 것입니다."

그러고는 준비해 온 문구를 발표했다. 문구 내용을 들은 참석자들은 쓴웃음을 지었다.

그도 그럴 것이 그 사원이 발표한 캐치프레이즈는 매우 유치한데다 아무리 좋게 봐줘도 고객을 유치하는 데 크게 도움이 될 만한 수준은 아니었기 때문이다. 곧 회의실 곳곳에서 비판의 목소리가 나왔다.

"문제는 캐치프레이즈가 아니라 가격이지요."

"캐치프레이즈가 문제인 것 같긴 하지만, 이 문구는 그다지……."

"왜 이 문구가 직원 300명 이상의 기업을 타깃으로 한다는 건지 이유를 모르겠군요."

질문과 비판이 이어지고 그 사원은 주눅이 든 모습으로 앉아 있었다.

그러나 부문장은 이렇게 말했다.

"매우 좋은 의견이군요. 난 생각하지 못한 문제네요. 한번 검토해

봅시다."

그 후 캐치프레이즈뿐만 아니라 가격 설정, 타깃 재설정, 영업 방법까지 여러 방면에 대한 의견이 나왔고, 새로운 방안들이 마련되면서 회의는 종료되었다.

회의가 끝난 후 난 부문장에게 질문했다.

"왜 그 캐치프레이즈를 좋은 의견이라고 말씀하셨어요? 저 같은 문외한이 봐도 그리 좋아 보이지 않던데요."

그러자 부문장이 말했다.

"회사에서 가장 대단한 사람이 누구라고 생각하세요?"

"권한을 가지고 있는 사람인가요?"

"권한을 가지고 있어도 별 볼 일 없는 사람은 어쩔 수 없지요. 어떤 직종에서든 가장 대단한 사람은 '가장 먼저 의견을 내는 사람'입니다. 비판은 누구라도 할 수 있어요. 하지만 가장 먼저 의견을 내기 위해서는 그만큼 용기도 필요하고, 무엇보다 다른 사람에게 무시당하지 않도록 열심히 공부해야 하지요. 그러니 최초로 의견을 내는 사람은 당연히 존중받아야 합니다."

나는 그날 이후 여러 회사를 관찰하면서 일을 할 때는 항상 '먼저 의견을 내는 것'이 얼마나 중요한지를 실감할 수 있었다.

그래서 지금은 젊은 직장인들이 일을 잘하는 비법에 관해서 물어보면 괜한 참견이라고 생각하면서도 가장 먼저 의견을 낼 수 있도록 노력해야 한다고 대답한다.

업무를 맡으면
해야 할 일 8가지

"작은 변화는 맡은 업무를 제대로 수행하는 일에서부터 시작된다."

일을 막 시작했을 즈음, 존경하는 상사가 가르쳐준 것이다. 실제로 지금 나의 업무 방식을 돌아보면 대부분 그에게 배운 대로 하고 있다. 그 상사는 나에게 업무를 맡게 되면 해야 할 일에 대해 다음과 같이 가르쳐줬다.

1. 기한을 확인한다.

약속한 기일을 지키지 못하는 사람은 사회인으로서 실격이라고 평가된다. 정해진 시한을 준수하면 신뢰를 얻을 수 있고 자신의 능력을 높이며 이익을 창출한다.

2. 성과에 대해 합의한다.

일을 맡기는 사람이 성과를 명확하게 설정하고 나서 일을 시키는 경우는 실제로 많지 않다.

일을 의뢰하는 사람은 모호한 목표를 구체화하는 데 많은 시간과 노력이 들기 때문에 신뢰할 수 있는 사람에게 그 업무를 맡긴다. 그러니 의뢰인과 대화해 그가 정말로 원하는 바가 무엇인지 알아내 성과의 목표치를 일치시켜야 한다. 성과에 대한 합의만 이끌어내도 일의 절반은 끝낸 것이나 다름없다.

3. 일을 분할한다.

의뢰받은 일은 커다란 바윗덩어리와도 같다. 그 상태로는 아무것도 할 수 없으며 누군가의 손을 빌리는 것도 불가능하다.

다른 사람에게 도움을 청하거나 노하우를 배우고자 한다면, 그리고 일정 계획을 제대로 세우려면 업무를 나눠야 한다. 그래야 비로소 일을 진행할 수 있다.

4. 어려운 일부터 시작한다.

어렵게 느껴지는 일, 특히 어떻게 해야 할지 모르는 일은 생각보다 훨씬 더 많은 시간이 걸린다. 예상한 시간보다 2~3배 걸릴 수도 있다. 나중에 기한을 코앞에 두고서 시간이 부족하다는 사실을 깨달아도 그때는 이미 손쓰기에 너무 늦다.

5. 일하다 막히면 곧바로 상의한다.

일을 의뢰한 사람도 그 일에 대해 전부 알지는 못한다. 일하다 보면 절대로 할 수 없는 무리한 요구가 있을 수도 있다. 그것은 일을 직접 해보지 않으면 알기 어렵다.

무리한 요구임을 알면서도 계속 일을 진행하는 것은 서로에게 손해다. 그럴 때는 반드시 의뢰인과 상의해야 한다. 상의가 늦어지면 늦어질수록 당신의 신용은 의심받게 된다.

6. 보고의 의무를 다한다.

일을 의뢰한 사람은 항상 불안하다. 그리고 그 불안을 해소할 책임은 일을 맡은 사람에게 있다. 적어도 일주일에 한 번은 보고하라.

또 보고할 때는 항상 상대방을 배려하는 세심함을 보여야 한다. 장황하게 늘어놓지 말고, 지나치게 생략해서도 안 되며, 정보를 적절하게 공유해야 한다. 자료는 알아보기 쉽게 준비하고 말은 알아듣기 쉽게 하면, 당신에 대한 의뢰인의 믿음이 더욱 깊어질 것이다.

7. 혼자서 처음부터 생각하지 말고 전례를 찾아본다.

제로(0)에서 생각하는 것은 '수레바퀴를 재발명하는 것'과 마찬가지로 100퍼센트 쓸데없는 일이다. 이미 누군가가 해놓은 것을 굳이 자신이 다시 할 필요는 없다.

회사 업무에선 똑같은 일이 반복되기 마련이다. 일단 전례를 찾아보라. 전례가 없다면 동료나 외부 사람에게 물어보고, 그래도 못 찾는다면 관련 서적을 모아놓고 그 안에서 살펴보라. 반드시 당신이 원하는 바를 찾을 것이다.

8. 다른 사람에게 일을 시킬 땐 빨리 맡기고, 1~7번 항목을 지키도록 알려준다.

혼자서 일을 완수하는 경우는 거의 없다. 다른 사람의 협력이 필요한 일은 가능한 한 빨리 의뢰해야 한다. 일을 맡길 때 명심해야 할 점은 앞에서 말한 1~7번 항목을 상대방에게 알려주고 따르게 하는 것이다.

대화의 기술은
두 가지뿐이다

대화를 잘하는 기술이 중요하다고 말하는 사람이 많다. 특히 사회생활에서는 타인과 관계를 맺고 그 관계를 원만하게 만들기 위해 대화의 기술이 꼭 필요하다. 하지만 타인과 대화하는 것을 어려워하는 사람도 많다. 그래서 세상에는 원만한 대화를 위한 요령이나 대화하기 좋은 주제를 가르쳐주는 책, 칼럼, 강의 등이 넘쳐난다.

예전에 내가 어느 회사를 방문했을 때의 일이다.

영업 사원 중 한 명이 다른 사람과 대화하는 것을 너무 어려워해서 고객이나 회사 동료와 이야기하는 데 큰 곤란을 겪고 있었다. 노력가였던 그는 대화에 관한 책도 읽고 수업도 들으면서 어떻게

든 그 문제를 극복하기 위해 애쓰고 있었다.

그는 학생 때부터 대화에 자신이 없어서 대인 관계를 맺는 데 몹시 고생했다고 했다.

"남과 이야기하는 걸 어려워하면서 왜 영업직을 택했어요?"

소박한 질문을 던지니 그는 '자신을 바꾸고 싶어서'라고 답했다.

제법 훌륭한 이유긴 하지만 그런 노력에도 그의 대화 실력은 그다지 나아지지 않았다.

이유는 단순했다. 너무 긴장한 나머지 지나치게 말을 많이 하기 때문이었다. 어떻게든 분위기를 띄워보고자 혼자서 애를 썼던 것인데, 스피치 학원에서 배운 바를 충실히 이행하려고 노력한 결과였다.

그는 '말을 잘하지 못하는 문제'와 '지나치게 많이 말하는 문제' 사이를 헤매고 있었다.

그를 변하게 한 계기는 어느 날 고객과 점심 약속을 잡았을 때 찾아왔다. 그가 고민을 털어놓자 평소 많은 도움을 주던 부장은 "억지로 말하지 않아도 되네"라고 그에게 말했다.

부장은 이렇게 설명했다.

"대화를 잘하는 방법은 두 가지뿐이야. 상대방이 하고 싶어 하는 말을 들어주는 것과 상대방이 듣고 싶어 하는 말을 하는 것. 단지 그것뿐이네. 그 이외는 필요 없어. 아니, 말할 필요가 없으니 조용히 있으면 되지.”

그가 무슨 뜻인지 묻자 부장이 대답했다.

“중요한 건 내가 말하지 않아도 상대방이 스스로 말하고 싶어 하는 상황을 만드는 거야. 그러니 일단 상대방이 하는 이야기를 듣도록 하게. 사람은 누구나 자랑거리나 흥밋거리 한두 가지는 반드시 가지고 있거든. 고향, 회사 실적, 관심사 같은 소재들 말이야. 그래서 상대방이 이야기하면 그에 맞춰 자신이 알고 있는 바를 조금씩 말하면 돼. 말을 많이 할 필요는 없어. 그저 상대방의 말에 호응해 주기만 하면 되는 거지. 말을 지나치게 많이 하는 것보다는 차라리 조용히 있는 편이 낫다고.”

말을 지나치게 많이 하기보다는 조용히 있는 편이 낫다는 부장의 이야기가 상당히 유용한 조언이었던 듯 그는 한결 밝아진 표정으로 이렇게 말했다.

“말을 잘해야 한다는 두려움이 사라진 게 가장 큰 도움이 됐습니다.”

어렵게 말하는 사람과 쉽게 말하는 사람의 차이점

    일을 잘하는 요령은 타인이 자신의 말을 충분히 이해할 수 있게 만드는 것이다. 하지만 자신이 말을 잘하는 편인지 아닌지를 판단하기란 어려운 일이다.

    곰곰이 생각해보면 이야기를 얼마나 알아듣기 쉽게 하는지에 대해서는 개인차가 있지만, 이해하기 쉽게 말하는 사람과 이해하기 어렵게 말하는 사람이 왜 나뉘는지에 대해서는 나 역시 그 이유를 잘 모르겠다. 선천적인 문제일까? 아니면 훈련에 의한 차이일까? 하지만 많은 사람과 이야기해본 결과, 나는 서비스 정신의 차이가 아닐까 하는 생각이 들었다.

요즘은 말하는 법에 대한 다양한 강좌가 넘쳐나고 있지만, 이해하기 쉽게 말하는지 아닌지는 세세한 테크닉보다 '자신의 이야기를 상대방의 입장에서 생각할 수 있는지 아닌지'에 달려 있다.

이해하기 쉽게 말하는 사람이 되기 위해서는 다음의 여덟 가지 사항에 주목해야 한다.

과정부터 말하는가,
결론부터 말하는가

예: "오늘 회의 결과는 어땠나요?"라는 질문을 받았을 때

· 이해하기 어렵게 말하는 사람

"처음에는 당기의 판매 목표 달성률에 대한 안건으로 A씨가 달성 상황을 보고했습니다. 그러고 나서 B씨가 고객 클레임에 대한 논의를 꺼내서……." 이렇게 회의 과정을 처음부터 끝까지 일일이 서술한다.

소설이나 영화처럼 사건의 과정을 즐기는 상황이라면 괜찮지만 이러한 방식이 이해하기 쉬운 말하기는 아니다. 일에 관한 정보를 듣는 사람은 대부분 과정이 아니라 결과를 알고 싶어 한다.

- 이해하기 쉽게 말하는 사람

"잘 마쳤습니다. 부장님께서 지시하신 안건은 우리 쪽이 맡기로 했습니다. 회의 과정을 말씀드리자면, 먼저……."

"큰 소득은 없었습니다. 부장님의 지시대로 흘러가지 않았어요. 사실은……."

이처럼 결론부터 꺼낸다.

추상적으로 말하는가, 구체적으로 말하는가

예: "일의 우선순위는 어떻게 정하나요?"라는 질문을 받았을 때

- 이해하기 어렵게 말하는 사람

"바로 처리해야 하는 일이나 중요한 일을 최우선으로 하고, 나머지는 빨리 처리할 수 있는 일부터 합니다"라고 답한다.

하지만 '바로 처리해야 하는 일', '중요한 일', '빨리 처리할 수 있는 일'의 뜻이 명확하지 않고 말이 추상적이라서 이해하기 어렵다.

- 이해하기 쉽게 말하는 사람

"해야 할 일들을 죽 적은 다음, 마감 시한과 중요도를 1~3의 세 단계로 구분해 각각 매깁니다. 두 개의 숫자를 곱했을 때 수치가 높은 업무부터 정렬합니다. 이런 방식으로 우선순위를 정하지요."

이처럼 구체적으로 말한다.

자신이 하고 싶은 말을 하는가, 질문에 대한 답을 하는가

예: "오늘은 어떤 고객을 만났나요?"라는 질문을 받았을 때

• 이해하기 어렵게 말하는 사람

"A사에서는 분위기가 꽤 좋아서 다행이었습니다. B사는 담당자가 부재중이라 연락처를 받아서 겨우 만났고요……." 하며 묻지도 않은 부분에 대한 이야기가 길어진다.

물론 일상적인 이야기를 할 때는 상관없지만, 일에 대해 이야기할 때는 듣는 사람을 짜증나게 할 가능성도 있기에 이해하기 쉬운 말하기라고 하기는 힘들다.

• 이해하기 쉽게 말하는 사람

"A사, B사, C사를 돌았습니다"라고 간결하게 답한다.

이야기는 질문 받은 내용에 대해서만 간결하게 답하는 것이 좋다. 상대방이 알고 싶은 바가 명확하다면 그가 궁금해할 만한 추가 정보, 이를테면 "오늘 방문한 세 곳 중 B사와 C사는 주문할 가능성이 꽤 높을 것 같습니다"라고 덧붙인다.

일률적인 표현을 쓰는가, 상대방의 반응에 따라 용어를 바꿔 쓰는가

예: "당기 실적은 어떤가요?"라는 질문을 받았을 때

• 이해하기 어렵게 말하는 사람

"네, 매상총이익은 증가했지만 판관비가 그보다 더 들어서 결국 현재 영업이익은 전기 대비 마이너스입니다."

듣는 이에 상관없이 일률적인 용어와 표현을 쓰는 사람은 이해하기 어렵게 말하는 사람일 가능성이 크다. 특히 전문용어를 쓸 때는 주의가 필요하다.

• 이해하기 쉽게 말하는 사람

"매상총이익은 증가했습니다만…… 아, 회계용어를 써도 괜찮을까요? 익숙하지 않으세요? 죄송합니다. 그럼 조금 더 알기 쉽게 설명해드리겠습니다. 부끄러운 이야기지만 결론적으로 당기 실적은 그다지 좋지 않습니다. 광고에 비용을 너무 많이 쓰는 바람에……."

전문용어를 말했을 때 그 용어를 들은 상대방의 얼굴이 어두워진다면 그 후부터는 전문용어를 배제하고 다른 표현을 선택한다. 반대로 상대방이 그 용어를 이해하는 것처럼 보일 때는 적극적으로 전문용어를 쓴다. 말할 때는 듣는 이의 반응을 보면서 시시각각으로 표현을 바꾸는 것이 좋다.

부분부터 말하는가, 전체부터 말하는가

예: 일본 장기를 모르는 사람에게 장기 두는 법을 가르칠 때

• 이해하기 어렵게 말하는 사람

"그럼 장기짝, 즉 말을 움직이는 방법부터 설명해드리겠습니다. 먼저 보(步)라는 말은 앞으로 한 칸씩 움직일 수 있습니다. 다음으로 여기 있는 비차(飛車)는 직선 방향이면 전후좌우 어디로든 갈 수 있습니다. 그리고……."

뜬금없이 말을 움직이는 방법이나 승격* 규정부터 설명하거나 혹은 이보** 같은 반칙에 대해 설명하는 등 전체를 생각하지 않고 세부적인 사항부터 말한다.

• 이해하기 쉽게 말하는 사람

"장기라는 게임의 목적은 자신의 말을 움직여 상대방의 왕에 해당하는 말을 잡는 데 있습니다. 자신의 말로 상대방의 말을 잡으면 그 말을 가질 수 있습니다. 말에 따라 이동할 수 있는 범위가 다릅니다. 말의 종류는…… ."

일단 두 사람이 하는 게임이라는 점, 상대방의 왕을 잡으면 이긴다는 점 등 전체적인 규칙을 알려준다.

그리고 나서 말의 종류, 말을 배치하는 법, 말을 움직이는 법, 말을 잡는 법, 잡은 말을 사용하는 법 등을 말하는 방식으로, 전체에서 부분으로 순서대로 설명해나간다.

전체적인 모습부터 설명하면 상대방이 이미지를 떠올려 이해하는 데도 도움이 된다. 따라서 설명을 할 때는 전체적인 것부터 시작하자.

---

* 말이 적진에 들어가서 움직임이 추가 또는 변화되는 것.
** 보를 한 줄에 두 개 놓는 것.

자기 페이스대로 말하는가,
상대방의 눈높이에 맞춰 말하는가

예: 초등학생에게 인터넷의 개념을 설명할 때

• 이해하기 어렵게 말하는 사람

"전 세계의 컴퓨터가 특정한 통신 방식으로 연결된 네트워크
를 인터넷이라고 해."

이렇게 말하면 상대방은 무슨 말을 하는지 전혀 모를 것이다.
상대방의 이해 속도를 고려하지 않기 때문이다. 듣는 이는 여
러 가지 용어를 한꺼번에 파악해야 하므로 이야기를 따라가는
것만으로도 힘에 부칠 것이다.

• 이해하기 쉽게 말하는 사람

"혹시 컴퓨터는 알고 있니?"라는 질문부터 시작한다. 아이가
"집에 있어요"라든가 "학교에서 봤어요. 키보드가 붙어 있는
기계요" 혹은 "스마트폰 같은 거요?"라며 머릿속에 컴퓨터를
떠올리면 그다음에 "그런데 컴퓨터는 서로 연결되어 있어" 하
며 이메일 같은 예시를 든다.

상대방이 알아들으면 마지막에 "그렇게 컴퓨터끼리 연결된 것

을 인터넷이라고 부르지"라며 설명을 마무리한다.

말하는 도중에 상대방이 이해하고 있는지 파악하기 위해서 "여기까지 이해되니?" 하면서 확인하는 일도 중요하다.

상대방의 이해 속도에 맞춰 이야기하도록 하자.

지시대명사를 많이 쓰는가, 쓰지 않는가

예: 신청서를 부장에게 전해달라고 부탁할 때

• 이해하기 어렵게 말하는 사람

"이것을 그분께 전해주세요"라고 말한다.

현재 상황을 제대로 파악하지 못하고 있다면 '이것'과 '그분'이 의미하는 바를 이해하기 어렵다.

지시대명사에는 대표적으로 '이것', '그것', '저것', '무엇' 등이 있는데, 편리할 때도 있지만 가능한 한 피하는 것이 좋다.

• 이해하기 쉽게 말하는 사람

지시대명사를 쓰지 않고 "신청서를 P 부장님께 전해주세요"라고 말한다.

이야기가 옆길로 새는가,
새지 않는가

예: 시스템 문제가 발생해 역할 분담에 관해 상의할 때

• 이해하기 어렵게 말하는 사람

역할 분담 문제로 논의하는 도중에 갑자기 "아, 다음 유저 테스트는 언제였지?" 하며 역할 분담을 끝낸 후에 다뤄야 할 주제를 꺼낸다. 이야기가 옆길로 새면 원래 하던 이야기로 되돌아가야 하므로 시간도 낭비된다.

• 이해하기 쉽게 말하는 사람

한 가지 주제를 제대로 마무리 짓고 나서 다음 주제로 넘어간다. 이해하기 쉽게 말하기 위해서는 한 주제에 관한 대화를 끝낸 후 다음 대화를 시작하도록 한다.

스스로 일하는가, 제멋대로 일하는가

아무리 노력해도 행동에는 마찰이 따른다. 조직에서는 말할 것도 없다. 어떻게 하면 마찰을 줄이고 순조롭게 일을 진행할 수 있을까. 에피소드 하나를 소개하고자 한다.

어느 회사 사장이 "직원 중 문제아 한 명이 있어 골치가 아프네"라며 고민을 털어놓았다. 문제아는 어느 회사에든 있기 마련이라 나는 그다지 특별하게 생각하지 않았다.

그런데 "어떤 문제를 일으키는데요?"라고 묻자 "주위의 의견을 듣지 않고 자기 마음대로 일을 진행하지"라는 대답이 돌아왔다.

나는 그 말을 듣고 한 가지 의문이 생겼다.

그 사장은 평소 "직원들은 웬만해선 스스로 움직이지 않아"라며 불평을 했기 때문이다. "지시를 내릴 때까지 기다리지 말고 스스로 알아서 움직이면 좋겠어"라는 말을 들은 적도 있다.

하지만 실제로 그런 인물이 나타나니 이번에는 주위의 의견을 듣지 않고 제멋대로 일을 진행한다며 불만을 토로한 것이다.

그럼 그 둘의 차이는 무엇일까?

이에 대한 답변을 꼭 듣고 싶었다. 나는 그 사장에게 스스로 알아서 움직이는 사람과 자기 마음대로 일을 진행하는 사람의 차이가 무엇인지 물어보았다.

사장은 잠시 생각하다가 천천히 입을 열었다.

사장: 음, 말로 설명하려니 조금 어렵긴 하지만, 내가 안심할 수 있는지 아닌지의 차이인 것 같군.

나: 무슨 말씀이지요?

사장: 지시를 기다리지 말고 스스로 움직이기를 바란다고 말한 적이 있는데, 거기에는 물론 조건이 있네. 첫 번째는 주어진 권한을 정확하게 이해하고 있어야 하지. 멋대로 계약을 체결하면 안 되지 않겠나. '이 사람은 자신의 권한을 제대로 이해하고 있구나' 하고 나를 안심시킬 수 있으면 굳이 내 지시를 기다릴 필요는 없겠지.

나: 그렇군요. 맞는 말씀이네요.

사장: 나머지 하나는 주위 사람을 배려해야 한다는 점이라고 할 수 있으려나? 본인이 알아서 일을 처리하는 방식에 대해 어떤 사람은 반감을 가질 수도 있네. 내가 아무리 "스스로 알아서 해주게"라고 말해도 보수적인 사람들이 있기 마련이지. 그런 사람들을 배려해줬으면 좋겠네. 갈등을 일으키면 그 사람은 외톨이가 될 수도 있어. 그러면 곤란하지 않겠나?

나: 그렇지요. 그러니까 결국 스스로 알아서 일해주기를 바라는 사람과 제멋대로 일하는 걸 자제해주기를 바라는 사람이 있다는 말씀이군요.

사장: 그렇지. 하지만 회사에서는 그렇게 말할 수 없어. 직원들을 평등하게 대해야 하니까.

이 이야기에서도 알 수 있듯이, 현명한 사람이라면 누구나 '스스로 알아서 해라'라는 말을 곧이곧대로 받아들여서는 안 된다는 사실을 이미 알고 있다.

다만 다른 사람이 자신에게 스스로 알아서 일하기를 바라는지 아니면 제멋대로 일하는 것을 자제하기를 바라는지 파악하기란 어려운 일이다.

게다가 제멋대로 일하는 사람은 그런 점에 신경 쓸 만큼 섬세하지 않은 경우가 많다.

결국 현명한 사람은 자신의 현명함 때문에 지시를 기다리게 되고, 제멋대로인 사람은 자신의 둔감함 때문에 문제아가 된다. 회사원은 결과적으로 지시를 기다리는 경우가 많아서 어쩔 수 없이 일부 문제아들이 두드러져 보이는 것이다.

스스로 알아서 움직이고 변화를 일으키기 위해서는 앞에서 사장이 말한 것처럼

- 자신이 가진 권한을 알고 회사의 규정을 숙지해야 한다. 공식적인 규정, 암묵적인 규정을 포함해 누구에게 정보를 공개할지 생각해야 한다.
- 보수적인 사람에 대한 배려를 소홀히 하지 않는다. 규정을 지키고 있어도 반감을 살 때가 많다. 그러므로 보수적인 사람에 대한 감정적인 배려와 친목 도모에 힘써야 한다.

이 두 가지만 확실히 알고 있으면 된다. '보고, 연락, 상의'가 중요시되는 이유다.

3

한 달 이상 힘써야 하는 일
·······························

신뢰감 구축하기

사회인에게 신뢰는 그 무엇보다 중요한 최고의 재산이다.

업무 능력을 익히고 성과를 내려면, 먼저 누군가가 자신에게 일을 맡겨야 한다.

그러기 위해서는 주위 사람들의 신뢰를 얻어야 한다. 하지만 신뢰를 쌓으려면

긴 시간과 많은 노력이 필요하다. "신뢰를 쌓는 데는 오랜 시간이 걸리지만 잃는

것은 한순간이다"라는 말이 있듯이 커뮤니케이션 과정에서 일어나는 사소한 오

해로 신뢰가 무너지는 경우는 그리 드물지 않다.

이 장에서는 '신뢰'와 '커뮤니케이션'에 대해 다루고자 한다.

사회인의 커뮤니케이션은
이것이 다르다

어느 회사에서 실시한 커뮤니케이션 능력 향상에 대한 연수 내용이 인상적이었다. 연수 목적은 신입 사원이 빠른 시일 안에 사회인의 커뮤니케이션 능력을 갖추도록 하는 것이었다.

그렇다면 사회인의 커뮤니케이션이 학생의 커뮤니케이션과 본질적으로 다른 점은 무엇일까? 그에 대한 답은 다음과 같이 세 가지로 요약할 수 있다.

1. 상하 관계가 존재하는 커뮤니케이션
2. 청자 중심의 커뮤니케이션

3. 요구 사항을 내포한 커뮤니케이션

먼저 상하 관계가 존재하는 커뮤니케이션부터 살펴보자.

학생들 간의 커뮤니케이션은 대부분 대등한 관계에서 이루어진다. 하지만 회사에서 이루어지는 커뮤니케이션은 기본적으로 상하 관계에 기반을 둔다. 이를테면 상사와 부하, 고객과 직원의 관계를 떠올리면 이해하기 쉽다.

다음으로는 청자 중심의 커뮤니케이션이다.

학생의 커뮤니케이션에서는 기본적으로 화자가 주가 되고 청자자는 종이 된다. 다시 말해 자신이 하고 싶은 이야기를 하면서 말이 잘 통하면 커뮤니케이션이 성립하지만, 안 통할 땐 그저 친구가 안 되면 그만일 뿐이다. 하지만 회사에서는 그럴 수 없다. 상대방이 누구든지 간에 청자에게 맞춘 커뮤니케이션을 해야 하므로 청자 중심의 커뮤니케이션 기술이 필요하다.

마지막으로 요구 사항을 내포한 커뮤니케이션이다.

학생의 커뮤니케이션은 반드시 상대방을 향한 요구 사항을 담고 있을 필요는 없다. 그저 인간관계를 원만하게 만드는 기능만으로도 충분하다. 하지만 사회인의 커뮤니케이션은 그렇지 않다. 그들의 커뮤니케이션은 상대방이 특정 행동을 해주기를 바라는 의도를 암묵적으로 포함하고 있다.

- 더 의욕적으로 일하기를 바라는 마음
- 지금 당장 일을 시작하기를 바라는 마음
- 상황을 제대로 보고해주기를 바라는 마음

회사에서 이뤄지는 소통은 이런 종류의 요구 사항을 항상 내포하고 있다.

그렇다면 구체적으로 사회인의 커뮤니케이션은 어떻게 이루어질까?

상하 관계가 존재하는 커뮤니케이션에 필요한 요소

예의: 중국의 사상가 공자는 예(禮)를 '상대방에 대한 배려를 눈에 보이는 형태로 표현한 것'이라고 정의했다. 배려심은 밖으로 나타내지 않으면 상대방에게 전해지지 않는다. 따라서 상대방에 대한 배려를 표현하는 예의를 전제로 커뮤니케이션을 해야 한다.

정보 제공: 상사와 성공적으로 소통하기 위해서는 정보 제공자의 역할을 수행하는 것이 가장 좋다. 의사를 결정하는 일은 상사의 몫이지만, 상사가 바른 결정을 하도록 도우려면 자신이 가진 정보를 효과적으로 전달해야 한다.

관용: 조직 생활을 얼마나 잘할 수 있는지는 상사에게 얼마나 너그러워질 수 있는지에 달렸다고 해도 과언이 아니다. 상사도 인간적인 약점을 지니고 있고 실수를 할 때도 있다. 그런 상사를 비판하는 것은 쉬운 일이지만 비판은 커뮤니케이션을 방해하는 요소가 된다. 반대로 상사의 실수를 용서하는 관용은 성공적인 소통을 위한 중요한 요소다.

청자 중심의 커뮤니케이션에 필요한 요소

공통언어: 대화를 할 때는 상대방이 이해할 수 있는 말을 신중하게 선택해야 한다. 단어의 뜻만이 아니라 그 단어가 연상시키는 배경지식까지 상대방과 얼마나 공유하고 있는지가 커뮤니케이션의 질을 결정한다.

특히 보고서나 제안서에 쓰는 말은 신중에 신중을 기해 뜻을 음미하고 선택해야 한다. 무심코 쓴 단어가 오해를 일으키면 아무리 좋은 내용이라도 힘들게 작성한 보람이 날아갈 수 있다.

예컨대 제안서에 '○○ 사례(기획 사례 등)'라는 말은 쓰지 않도록 주의하자. 고객 중에는 '사례'라는 말에서 자신을 무시한다는 느낌을 받거나 이미 방침이 결정됐다고 생각하는 사람도 있기 때문이다. 이럴 때는 사례가 아니라 '제안'이라는 말을 쓰는 것이 낫다.

질문: 수신자가 원하는 정보가 무엇인지 모르면 효과적인 커뮤니케이션은 꿈도 꾸지 못한다. 사람은 자신이 듣고 싶은 것만 듣기 마련이다. 그러나 상대방이 원하는 정보를 정확하게 예측하기란 매우 힘든 일이다.

그러므로 상대방이 어떤 정보를 원하는지 항상 확인하면서 소통을 해야 한다. 자신이 말하기 전에 상대방의 이야기를 듣는 것을 모토로 삼자.

간결성: 말은 가능한 한 짧고 간결하면서 명료하게 해야 한다. 말속에 필요 이상의 정보가 들어 있으면 상대방은 불필요한 정보를 거르기 위해 시간과 노력을 할애해야 한다.

장황하게 말하는 사람을 꺼리는 마음은 학생인 경우에도 마찬가지겠지만, 사회에 나와서도 말을 번잡스럽게 하면 아무도 들어주지 않는다. 항상 군더더기를 뺀 표현을 쓰도록 노력하자.

요구 사항을 내포한 커뮤니케이션에 필요한 요소

감정의 이해: 요구 사항을 수용할지 말지는 논리에 의해 판단하는 문제가 아니라 감정에 의해 결정된다는 사실을 알아야 한다. 말하는 내용이 아무리 타당하다고 해도 상대방이 감정적인 거부감을

가진다면 소통은 단절된다.

논리성과 더불어 감정을 호소하자. 그러기 위해서는 먼저 자신의 기분을 상대방에게 전해야 한다.

'기쁘다.'

'즐겁다.'

'기대하고 있다.'

'신뢰할 수 있다.'

다양한 기분을 나타내는 표현을 써서 논리를 강화하자.

가치관의 중시: 함께 일하고 있는 사람이라도 자신과 상대방은 서로 가치관이 다르다는 점을 인지해야 한다. 학생 때와는 달리 상대방과 공유하는 환경이 대부분 크게 차이 나기 때문이다.

무엇에 가치를 두는 사람인가, 무엇을 중요시하는 사람인가를 파악하고 자신의 요구가 상대방의 가치관과 일치한다는 점을 알려야 한다.

시간: 요구 사항을 내포한 커뮤니케이션은 가볍게 넘길 수 없다. 때로는 인내심을 갖고 끈기 있게 상대방의 행동이 변하기를 기다려야 할 때도 있다. 성과를 내는 일에 눈이 멀어 임시방편에 기대지 말고 지금까지 살펴본 커뮤니케이션의 원칙을 지키도록 하자.

처음 만나는 상대의
긴장을 풀어주는 법

내가 아는 어느 인사 담당자는 타인의 경계심을 풀어주는 능력이 정말로 뛰어나다. 신입 사원뿐만 아니라 경력 사원 채용 면접에서도 긴장해서 딱딱하게 굳어 있는 응시자들을 금세 편안하게 만들어준다.

그는 이렇게 말한다.

"편안한 상태가 아니면 그 사람의 참모습을 볼 수 없지요."

물론 면접을 치르는 사람을 편안하게 해주는 일은 말처럼 쉽지는 않다. 응시자에게 면접은 직장을 구하기 위해 꼭 거쳐야 하는 매우 중요한 자리다. 긴장하지 말라는 말은 어불성설이다.

하지만 그 면접관은 짧은 시간에 응시자들의 긴장을 풀어준다. 대체 어떻게 한 것일까. 커뮤니케이션의 모범이라고도 할 수 있는 그 비결을 면접 흐름에 맞춰 순서대로 들어보았다.

인사는 크게 하고 한마디 덧붙인다

면접장에 들어올 때 큰 소리로 인사한다. 큰 소리로 인사하는 행동만으로도 꽤 긍정적인 인상을 줄 수 있다. 무심한 듯 건네는 인사 목소리 하나에도 상대방의 표정이 확 바뀐다는 사실에 감탄하게 될 것이다.

단순히 목소리를 크게 하는 것이 다가 아니다. "안녕하세요"나 "좋은 아침이에요" 뒤에 반드시 한마디를 덧붙인다. 예컨대 이런 식이다.

"오늘 날씨가 춥네요. 시간 내주셔서 감사합니다. 엘리베이터가 혼잡하지는 않았나요?"

"사무실 찾는 데 힘들진 않았어요?"

"먼 길 와주셔서 감사합니다. 오시는 데 얼마나 걸렸나요?"

주의 깊게 살펴보면 반드시 질문을 포함하고 있다. 자연스럽게 상대방이 대화에 동참한다면 조금은 긴장이 풀릴 것이다.

본론으로 들어가기에 앞서 잡담을 한다

본격적인 면접을 시작하기 전에 반드시 잡담을 한다. 보통 사소한 이야깃거리, 이를테면 날씨 혹은 근처 맛집, 구직이나 이직 활동 상황 등을 주제로 삼는다.

이 단계에서 특히 주목해야 할 점은 잡담에서 면접으로 넘어가는 흐름을 자연스럽게 유도해 면접이 잡담의 연장인 것 같은 인상을 줘야 한다는 사실이다.

"그럼, 이제 시작할까요?" 같은 한마디로 면접을 시작하고 "가장 먼저 묻고 싶은 질문은……" 하면서 바로 진행한다. 그러면 응시자는 꾸미지 않은 원래 자신의 모습으로 면접에 임할 수 있게 된다.

상대방의 기분을 대변한다

가령 면접의 단골 질문인 응시자의 지원 동기를 묻는다고 하자. 보통은 이렇게 묻는다.

"왜 우리 회사에 지원하셨습니까?"

하지만 그 면접관은 질문 앞에 상대방의 기분을 대변하는 한마디를 덧붙인다.

"이직 결심이 쉽지 않았을 텐데요. 지금도 여러 회사를 염두에

두고 자신과 맞는 회사를 찾아보고 계시겠지만, 그중에서도 왜 우리 회사에 응시할 마음이 드셨습니까?"

이렇게 자신의 마음을 대변하는 면접관을 대하면서 응시자는 자신이 이해받고 있다고 느끼게 된다. 그래서 한결 편안한 마음으로 말할 수 있다.

자사의 약점과 한계를 솔직하게 밝힌다

면접관이라면 솔직히 응시자가 자기 회사를 좋게 생각해주기를 바란다. 당연한 말이다. 하지만 그는 자신의 회사를 포장하려고 애쓰지 않는다.

"우리 회사는 그래픽 쪽이 취약한데, 알고 계시지요? 그리고 디자인 쪽도 조금 약해요. 하지만 펌웨어 개발은 뛰어납니다. 이런 점에 근거해서 우리 회사에서 어떤 경력을 쌓기를 바라는지 말해줄 수 있겠습니까?"

약점과 한계를 먼저 밝혀서 응시자가 헛된 기대를 품지 않도록 하는 동시에 응시자 역시 솔직하게 답할 수 있는 분위기를 조성한다. 그러면 서로가 시간을 낭비하지 않아도 된다.

질문에는 명확하게 답변한다

"근무지는 수도권 내였으면 합니다"라고 응시자가 말했을 때 면접관이 "희망 근무지를 말하는 자리는 따로 마련되어 있습니다"라며 분명하게 답하지 않는 회사도 있다.

또한 "이직률은 어느 정도입니까?"라는 질문에 "말씀드릴 수 없지만, 높지는 않습니다" 하며 명확한 대답을 피하는 회사도 있다.

하지만 그 사람은 다르다.

"수도권 내에서 근무하고 싶다고 하셨지만, 솔직히 힘들 것 같습니다."

"이직률은 20퍼센트 정도입니다. 조금 높긴 하지만 반성하고 있습니다. ○○을 원인으로 보고 개선책을 마련할 예정입니다."

이렇게 확실하게 답변한다.

그러면 응시자는 안심할 수 있다.

마음껏 질문하게 한다

그 사람은 면접을 보는 시간만큼 질문 받는 시간을 가진다.

"면접관이 질문하는 것보다 응시자에게 질문을 받으면 오히려 그 사람의 진짜 모습을 쉽게 알 수 있어요"라고 말한다.

실제로는 이런 식이다.

"그럼 지금부터 질문 시간을 갖겠습니다. 시간제한은 없으니 마음껏 질문하세요."

"천천히 하셔도 되니 차분하게 질문을 생각해보세요."

"아, 재킷은 벗으셔도 됩니다."

최선을 다해 상대방이 편하게 질문할 수 있는 상황을 의도적으로 만든다.

이러한 비법은 우리가 평상시 하는 커뮤니케이션과 조금도 다를 바가 없다.

가장 중요한 점은 상대방을 충분히 배려하는 자세로, 커뮤니케이션의 정도를 그대로 따르고 있을 뿐이다.

사내 영업은
왜 필요할까?

　　직장 생활 2~3년 차 시절, 고객사를 방문했을 때 들은 어느 신입 사원과 부장의 대화가 생생하게 기억에 남아 있다. 그들의 대화는 회사 동료를 대하는 자세에 대한 현명한 식견을 얻게 해주었다.

신입 사원: 부장님, 왜 사내 영업을 해야 합니까?

부장: 사내 영업이라니?

신입 사원: 일전에 부장님께서 저희 신입 사원들에게 "선배와 술이라도 한잔하면서 자기 홍보도 할 줄 알아야 해"라고 말씀하지 않으셨습니까?

부장: 아, 그 이야기인가? 그래서 선배들에게 어떻게 말이라도 좀 붙여봤나?

신입 사원: 아직 안 했습니다. 왠지 하고 싶지 않아서요.

부장: 오, 그래?

신입 사원: 남에게 아부하고 아첨하는 행동은 나쁘다고 하지 않습니까? 게다가 선배와 친하게 지내는 것과 성과를 내는 것은 서로 다른 문제라고 생각합니다. 그리고 선배의 마음에 들기 위해 하는 행동이 고객을 위한 일인 것도 아니잖아요.

신입 사원이라면 당연히 할 법한 고민이었기에 나는 부장이 그를 어떻게 타이를지 궁금했다. 하지만 부장의 입에서 나온 말은 예상외였다.

부장: 그렇군. 자네 말이 맞네. 싫으면 굳이 안 해도 되네.

신입 사원: 네?

부장: 싫으면 안 해도 된다고 말했네. 그저 쓸데없는 참견이었을 뿐이니까.

신입 사원: 그렇습니까? 근데 왜 그런 말씀을 하셨습니까?

부장: 세상에는 다양한 사람들이 있으니까.

신입 사원: 무슨 말씀이세요?

부장: 성과를 중시하는 사람이 있는가 하면 친분을 중시하는 사람도 있지. 혈연을 중시하는 사람도 있고 학력을 중시하는 사람도 있어. 세상에는 다양한 사람이 있지. 그러니 성과를 내면 인정받을 수 있다는 생각은 원칙적으로는 맞는 말이지만, 실제 회사에서는 꼭 그렇지도 않아.

신입 사원: 하지만 여기는 회사입니다. 성과가 중요하잖아요.

부장: 그렇지. 그런데 그런 사고방식을 남에게 강요하는 행위는 선배와 술을 마시면서 친해지기를 강요하는 것과 다를 게 없지 않은가?

어느새 신입 사원과 부장의 입장이 바뀌었다. 신입 사원은 부장이 한 말을 되새기고 있는 듯했다.

부장: 나는 모두가 사회인으로서 바람직한 사고방식을 갖기를 바라지만 강요는 안 하네. 억지로 시킨다고 해서 사람의 생각이 바뀌지는 않으니까. 기껏해야 술자리에서 늘어놓을 푸념만 더해줄 뿐이지. 그러니까 예를 들어 어떤 사람이 자신을 성과로만 봐주기를 원한다고 하면 나는 그렇게 할 것이네. 신입 사원이라고 해도 성인이니까 그에 맞는 대우를 해줘야지.

신입 사원: 모든 사람을 성과만으로 평가한다는 말씀이신가요?

부장: 열심히 사내 영업을 하는 것으로 평가받고 싶은 사람도 있을 것이고, 그것을 만기는 사람도 있겠지. 실세로 선배와 친하게 지내면 일이 순조롭게 진행되는 경우도 있어. 그러니 전원에게 일률적인 평가 기준을 댈 수는 없네. 사람은 각자 자신 있는 분야가 다른 법이니까.

신입 사원: 그럼 결국 저는 어떻게 해야 좋은 평가를 받을 수 있을까요?

부장: 사람들이 다양한 만큼 평가 기준 역시 다양하네. 가능한 한 많은 사람의 평가 기준에 부합하는 사람이 좋은 평가를 받을 뿐이지. 인사팀이 제시하는 평가 기준은 극히 일부분에 지나지 않아.

인사팀이 제시하는 평가 기준은 극히 일부분에 지나지 않는다. 실제로 모든 평가 기준을 말로 표현하는 일은 불가능하다. 부장의 설명을 들은 신입 사원은 다시 생각에 잠겼다.

부장: 뭐, 내 평가 기준에는 '나와 친하다'라는 항목은 들어 있지 않네. 그러니 억지로 나와 술자리를 가질 필요는 없어.

신입 사원: 사회생활은 참 어렵네요.

부장: 그렇지.

나중에 그 신입 사원은 부장에게 함께 술을 한잔하고 싶다고 말
했다고 한다.

말하는 법에 대해 끊임없이 고민해야 하는 이유

타인에게 뭔가를 전하기 위해 커뮤니케이션을 하는 것은 일상생활이나 사회생활의 기본이다. 우리의 일상을 돌아보면 우리는 온종일 타인에게 뭔가를 전하려고 노력한다.

출근 시 좁은 통로를 지나가고 싶을 때

회사에서 부하 직원에게 보고서 작성을 부탁할 때

영업을 하면서 고객에게 자사 제품의 장점을 홍보할 때

퇴근 시 가족에게 귀가 시간을 알려줄 때

집에 와서 아이에게 공부를 열심히 하라고 말할 때

하지만 누군가에게 뭔가를 전하는 것은 정말 힘든 일이다.

대수롭지 않은 일이라면 말하자마자 상대방이 이해하겠지만, 제대로 전달되지 않을 때도 많다. 상대방에게 부탁할 때 혹은 자신의 기분을 전할 때 정확하게 전달되지 않아 '왜 말해도 못 알아줄까?' 하며 한숨짓는 사람도 많을 것이다.

그럼 왜 말해도 알아주지 않을까? 이런 현상의 상당수는 언어의 한계에 기인한다. 전하고 싶은 바에 알맞은 적절한 표현을 선택하기란 꽤 어려운 일이라서 그로 인해 커뮤니케이션 장애가 발생한다.

커뮤니케이션 장애는 크게 세 가지로 나뉜다.

1. 말의 의미를 모른다.
2. 말의 의미를 오해한다.
3. 말의 의미는 알지만, 이해하거나 따르고 싶지 않다.

먼저 '말의 의미를 모른다'부터 살펴보자.

가령 어느 책에 "커뮤니케이션이 성립하기 위해서는 '촌탁'이 필요하다"라고 쓰여 있다고 하자. 하지만 그 뜻을 아는 사람은 별로 없을 것이다. 참고로 촌탁은 한자로 헤아릴 촌(忖)과 헤아릴 탁(度)을 쓰는데, 남의 마음을 미루어 헤아린다는 의미다.

어휘는 상대방이 이해할 수 있는 범위 내에서 선택해야 하며, 상대방의 머릿속에 있는 어휘 이외의 표현을 쓸 때는 그 뜻을 이해시키기 위해 특별히 신경 써야 한다.

문제가 그것뿐이라면 이해하기 쉬운 어휘를 쓰고자 노력하면 해결할 수 있다.

하지만 진짜 문제는 말의 의미를 모르는 것이 아니라 그 말이 표현하고 있는 바를 경험하지 못한 것이다.

구체적으로 말하면 "열심히 하면 반드시 보상을 받는다"라는 말은 열심히 해본 적이 없는 사람이나 보상받은 적이 없는 사람이라면 이해하기 어렵다.

"내가 말한 대로 하면 잘될 거야"라는 말도 마찬가지다. 그가 말한 대로 해본 적이 없는 사람이나 일이 잘 풀린 적이 없는 사람은 쉽게 이해하지 못한다.

따라서 말의 의미를 이해해주기를 바란다면 상대방이 경험한 적 있는 일이나 어휘로 표현해야 정확하게 이해받을 수 있다.

다음으로는 '말의 의미를 오해한다'이다.

정치나 조직의 리더가 내뱉은 실언이 구설에 오르게 되는 상황이 이에 해당한다.

차별이라는 둥 약자를 무시한다는 둥 비판을 받을 때가 많다. 본인은 오해니 왜곡이니 하며 항변하지만 이런 일은 커뮤니케이션의 본질과 관련된 문제다.

바꿔 말하면 커뮤니케이션 과정에서 발생하는 오해는 대체로 발언한 본인의 책임이라는 뜻이다.

더구나 말의 의미를 모르는 것보다 오해받는 상황이 더 나쁘다. 말뜻을 모르는 문제라면 솔직하게 모른다고 밝히거나 무시할 수도 있지만, 오해는 잘못된 해석으로 발생한 문제로 자신이 의도하지 않은 행동을 불러일으킬 가능성이 있다.

오해를 일으키지 않기 위해서는 커뮤니케이션을 하는 동안 반드시 상대방이 자신의 발언을 어떻게 받아들이고 있는지 항상 귀를 기울이며 피드백을 받아야 한다.

그것이 불가능한 상황, 예컨대 공식적인 자리에서 발언하거나 사람들 앞에서 발표를 할 때는 자신의 말이 오해를 받아 생길 수 있는 결과를 수용할 각오를 해야 한다.

마지막으로 '말의 의미는 알지만, 이해하거나 따르고 싶지 않다'에 대해 알아보자.

커뮤니케이션을 할 때 기본적으로 상대방에 대한 요구 사항은 이미 정해져 있다. 이럴 때 중요한 기술이 바로 딜리버리 스킬(delivery skill)이다. 딜리버리 스킬은 효과적으로 말하는 방법이자 프레젠테이션의 기술이다.

요구하는 방법이 나쁘면 상대방은 무슨 말인지 알면서도 따르고 싶지 않다며 감정적으로 대응할 수 있다. 또한 의도적으로 그 요구를 무시하는 결과를 초래하기도 한다.

회사 같은 조직에서는 평가 시기가 되면 커뮤니케이션 때문에 고민에 빠지는 사람이 많은데, 그 원인은 명백하다.

상대방의 가치관을 바꾸려는 행동은 그 사람을 지배하려고 한다는 인상을 준다.

그러므로 말하는 사람은 상대방의 가치관을 부정하지 않고 그 가치관에 부합하는 요구를 만들어내는 능력이 필요하다.

이것이 말하는 법에 대해 끊임없이 고민해야 하는 이유다.

어찌 됐든 커뮤니케이션은 청자가 들을 자세가 되어 있어야 성립한다. 이 점만 인지하고 있으면 성공적인 커뮤니케이션에 필요한 모든 것을 익힐 수 있다.

다른 의견을 가진 사람을
어떻게 대할 것인가

한 직장인이 이런 질문을 했다.

"제가 맞는 말을 하는데도 상대방이 들어주지 않을 때가 많습니다. 어떻게 해야 할까요?"

이 질문에 대한 대답은 에피소드 하나를 들려주는 것으로 갈음하고자 한다.

어느 대기업을 방문했을 때의 일이다. 나는 부장과 함께 회의에 참석하게 되었다. 회의 주제는 앞으로 그 부서가 나아갈 방침이었는데, 방향성을 둘러싸고 대립이 있을 것으로 예상되었다.

곧 회의가 시작되고 예상대로 어수선한 분위기가 조성된 가운

데 젊은 과장 한 사람만이 고군분투하고 있었다. 그 과장은 저조한 실적에서 벗어날 돌파구를 만들기 위해 면밀하게 준비해온 계획을 발표하면서 어떻게든 부서의 실적을 호전시키고자 혼자서 열을 내고 있었다.

만화나 소설 속의 상황이었다면 '그의 발표에 감동한 모든 부서원은 한마음이 되어……' 이런 장면이 연출됐을지도 모르지만, 현실은 그렇게 녹록하지 않았다. 그 과장의 계획에 대한 회의적인 의견이 쏟아지고 회의는 엉뚱한 방향으로 흘러갔다.

개인적으로는 그 과장의 계획이 제법 괜찮아 보여 시도해볼 만한 가치가 충분히 있다고 생각했다. 하지만 보수적인 다른 사람들은 좀처럼 동조하지 않았다.

결국 부장은 잠시 휴식 시간을 갖겠다고 선언했다. 그리고 다른 방으로 그 과장을 불렀다. 부장은 천천히 입을 열었다.

부장: 열심히 준비했군. 자네가 의욕이 넘친다는 점은 모두 알았을 것이네.

과장: 네, 하지만…….

부장: 하지만?

과장: 왜 다른 과장들은 그렇게 완고하게 고집을 피우는 걸까요? 화까지 나려고 합니다. 조금만 생각해보면 알 텐데요.

평소에는 온화한 성격의 과장이 씩씩거리고 있었다. 부장은 그 과장에게 조용히 말했다.

부장: 자네가 맞는 말을 하는데도 다들 들어주지 않는 이유가 뭐라고 생각하나?
과장: 네? 다들 변하기 싫어서겠지요. 아니면 하기 귀찮아서가 아닐까요?

부장은 아무 말도 하지 않았다.

과장: 이제 그런 사람들에게 따끔하게 한마디 해주세요, 부장님!

부장은 계속 침묵하고 있다가 드디어 입을 열었다.

부장: 자신과 다른 의견을 가진 사람을 대하는 반응에는 세 가지 종류가 있네. 혹시 알고 있나?
과장: 무슨 말씀이세요?

과장은 허를 찔린 표정이었다.

부장: 첫 번째는 지금 자네처럼 상대방을 적으로 간주하는 반응이네. 어느 한쪽이 물러나고 꺾일 때까지 싸우지.

과장: …….

부장: 두 번째 반응은 포기야. 다시 말해 '알아주지도 않는데 그만할래' 하며 내팽개치는 반응이네. 무책임하지.

과장: …….

부장: 알겠나? 난 둘 다 바람직하지 않다고 생각하네.

과장: 그럼 어떻게 해야 합니까?

부장: 세 번째 반응을 보여야지. 세 번째는 어떻게 해야 하는지 알겠나?

과장: 부장님이 전에 말씀하신 방법인가요?

부장: 잘 알고 있군. 내가 전에 뭐라고 했지?

과장: 네. '상대방의 입장이 되어 그의 의견이 합리적이라는 전제하에 자기 의견에 스스로 반론해보라. 그러면 상대방의 진짜 속마음이 보일 것이다. 그것을 토대로 다음 의견을 내라.' 이렇게 말씀하셨지요?

부장: 잘 기억하고 있군.

과장: 그래도…….

부장: '그래도'는 없네. 해보는 거야!

그리고 회의가 재개되었다. 과장은 반대파에게 이렇게 말했다.

"제 의견만 고집해서 죄송합니다. 조금 더 생각해보니 여러분의 의견에 저 역시 동의하는 부분이 있었습니다. 그리고 아마 제 계획에서 ○○을 염려하신 게 아닐까 하는 생각도 들었습니다. 저도 다시 생각하면서 여러분이 충분히 걱정하실 만하다고 느꼈습니다."

그러자 반대파 중 한 사람이 입을 열었다.

"그렇게는 생각하지 않는데, 난 그저 어쩌면 △△가 필요하지 않을까 하는 생각이 들었을 뿐이에요."

"△△말입니까……. 음, 왜 그렇게 생각하셨습니까?"

"예전에 나 역시도 똑같은 시도를 해본 적이 있거든요. 그때 일어난 일을 떠올려보면, □□하기 때문이에요."

딱 한 시간 후 다들 밝은 얼굴로 회의를 마쳤다. 의견은 하나로 모였고 과장도 만족스러운 표정이었다. 부장 역시 흡족해했다.

부장은 나에게 말했다.

"흥미롭지 않았나요? 상대방은 적이 아니라 합리적인 인간입니다. 그 점만 기억하고 있으면 대화의 길은 언제든 열려 있지요."

나는 그날 이후로 상대방을 이기려고 하는 행동을 그만두었다. 옳고 그름의 문제는 잠시 옆으로 밀쳐둘 필요도 있다.

누구와도 친해질 수 있는
아주 간단한 방법

평소 나에게 이런저런 도움을 주는 지인 중 커뮤니케이션의 달인이라 불리는 이가 있다. '달인'이라는 단어가 나이 지긋한 사람을 연상케 하지만 그는 나와 비슷한 연배다.

항상 그를 봐온 나조차 이유는 모르겠지만, 어쨌든 그는 누구와도 금세 친구가 된다. 이야기를 나누다 보면 그가 다양한 주제에 꽤 정통하고 있어 화제의 폭이 넓다는 사실을 알 수 있다. 그래서 누구와 대화해도 분위기가 고조된다. 소설, 정치, 철학, 애니메이션, 게임, 아이돌 가수, 음악, 텔레비전 등 그야말로 장르를 불문한다.

나는 '그는 왜 이렇게 커뮤니케이션 능력이 뛰어날까?' 하는 문제에 큰 흥미를 느끼게 되었다.

나는 오랫동안 여러 기업에서 커뮤니케이션 능력에 대한 강의를 진행했다. 그 내용은 대체로 다음과 같다.

듣는 스킬: 경청하자
말하는 스킬: 효과적인 프레젠테이션 기술을 익히자

강의 내용은 특정 상황에서 어떻게 행동해야 하는지에 관한 것으로, 대체로 임기응변식의 기술이 많았다.

예를 들어 듣는 스킬에 대한 강의에서는 '상대방의 이야기를 끊지 않기' 혹은 '상대방의 말에 호응하기' 등을 가르쳤는데, 주목할 점은 '오늘부터 당장 활용할 수 있는 기술'이라는 사실이다.

물론 이러한 커리큘럼은 강의를 수강하는 측의 요구를 기반으로 짠 것이다. 왜냐하면 대체로 기업 경영자가 원하는 것은 '즉각적으로 효과가 나타나서 직원들의 변화를 쉽게 확인할 수 있는' 강의기 때문이다.

하지만 그는 그런 스킬을 구사하는 것처럼 보이지 않았다. 비즈니스 스킬에 대한 강의를 들은 적도 없고, 커뮤니케이션 관련 책을 읽은 적도 별로 없다고 했다.

나는 어떻게든 그의 비밀을 알아내고 싶은 마음에 여러 차례 모임이나 비즈니스 현장에 따라가서 그가 커뮤니케이션을 어떻게 하는지 살펴보았다.

처음에는 그의 비밀을 전혀 알아낼 수 없었다. 하지만 몇 번 그런 자리에 따라간 나는 한 가지 사실을 눈치챘다. 그는 사람을 만나면 반드시 상대방의 취미나 관심사를 물었다. 특히 처음 만나는 사람에게는 더 그랬다.

그리고 그는 꼭 마지막에 "저한테 추천해주실 건 없으세요? 좋은 게 있으면 좀 알려주세요"라고 부탁했다.

물론 상대방은 자신이 좋아하고 잘 알기 때문에 들뜬 마음으로 그에게 이런저런 추천을 해줬다. 그리고 그는 상대방의 말을 주의 깊게 들었다.

나는 그를 보며 상대방의 관심사에 귀를 기울이는 것은 매우 유용한 커뮤니케이션 기술이라는 사실을 깨달았다.

그리고 나중에 그를 다시 만났는데, 놀랍게도 그는 그때의 만남에서 추천받은 작품을 모두 봤다고 말했다. 나는 감탄할 수밖에 없었다. 그는 말만 그럴싸하게 하는 사람이 아니었다.

일할 때 알려주신 조언대로 해봤습니다.
말씀하신 책을 읽어봤습니다.

그 애니메이션을 찾아봤습니다.

추천하신 스마트폰 케이스를 샀습니다.

그 잡지를 사서 읽었습니다.

가르쳐주신 사이트에 들어가봤습니다.

알려주신 서비스를 이용해봤습니다.

추천하신 가게에 가봤습니다.

아주 큰 비용이 드는 일이나 오랜 시간이 걸리는 일이 아니라면 그는 기본적으로 모두 실제로 해보고 있었다. 그리고 추천해준 상대방을 다시 만나면 그것에 대한 감상을 들려주었다. 그 내용은 좋을 때도 있었고 나쁠 때도 있었다.

하지만 상대방은 기분 좋게 그의 이야기에 응해주었고, 대화는 점점 열기를 더해갔다. 그러다 보면 어느새 두 사람은 친구가 되어 있었다.

우리는 자신의 관심사에 흥미를 가져주는 사람을 좋아하기 마련이다. 그리고 초심자에게 이것저것 가르쳐주고 싶어 한다.

추천을 받았다면 일단은 실제로 해보자. 그런 진실성이 커뮤니케이션 달인의 비결이었다.

영업 사원의 능력을 알아보는 판별법

오래전의 이야기지만, 좋은 영업 사원인지 아닌지 판단하는 방법을 배운 적이 있다. 당시 나는 영업 분야에서는 신입이었기 때문에 '일을 딴다'는 말이 구체적으로 무슨 뜻인지조차 알지 못했다.

그렇게 그저 감으로 일하던 시절, 우연히 회사에서 실적 1위의 영업 사원과 동행할 기회가 생겨 흥미로운 이야기를 들을 수 있었다. 나는 그와 함께 점심을 먹으면서 영업을 잘하는 요령이라도 배울 생각으로 무심한 듯이 "영업 비법 같은 게 있으세요?" 하고 물었다. 지금 생각하면 모호하고 유치한 질문이었지만 그는 흔쾌히 대답했다.

"글쎄……. 비법은 모르겠지만 좋은 영업자인지 아닌지 구분하는 방법은 알고 있지."

나는 그렇게 편리한 방법이 있나 싶어 놀랐지만 솔직히 반신반의했다. 그는 나를 보며 "안 믿기나 보네. 물론 예외는 있지만 대부분은 맞아"라고 말했다. 그리고 나에게 그게 무엇인지 알겠느냐고 물었다.

나: 상품에 대한 지식인가요?

그: 그것도 중요하지만 정답은 아니야.

나: 고객 요구에 신속하게 대응하는 능력인가요?

그: 결정적인 차이는 아니군.

나: 그럼 사교성일까요?

그: 물론 사교성도 매우 중요하지만, 사교성이 뛰어난 것과 영업을 잘하는 것은 별개의 문제지.

생각했던 답이 모조리 틀렸다고 해서 나는 당황했다. 전혀 알 길이 없었다. 그는 말없이 식사에 열중하고 있었다. 아무래도 쉽게 가르쳐줄 것 같지 않았다.

나는 예전에 읽은 영업 관련 책의 내용을 떠올렸다. 분명 그 책에는 '제안력'이라고 쓰여 있었다. 그래서 나는 "제안력입니까?"

하고 물었다.

"제안력이라……. 제안력이 뭔지 알고 있나?" 하며 그는 오히려 나에게 되물었다.

그렇게 질문을 받으니 제안력이 무엇인지 명확하게 정의하기가 어려웠다.

나는 난처한 표정으로 대답했다.

"고객에게 만족을 주는 제안을 하는 사람이 좋은 영업자가 아닐까 싶습니다."

그는 내 말을 듣고 이렇게 말했다.

"그렇지. 틀린 말은 아니지만, 내가 한 질문은 좋은 제안을 하는 사람인지 아닌지 알 수 있는 방법이 뭐냐는 거야. 자네의 대답은 지나치게 추상적이네. 그 사람이 고객에게 만족을 주는 제안을 할 수 있는 사람인지 아닌지 어떻게 판단하지?"

"……."

나는 여전히 난감한 표정을 지을 수밖에 없었다.

그: 어려운가? 그럼 슬슬 정답을 말해주지.

나: 네.

그: 좋은 영업 사원인지 아닌지는 '타사의 제품이나 서비스도 추천하는지 안 하는지'로 알 수 있어.

나: 다른 회사의 상품을요?

그: 응. 그런 사람이 좋은 영업 사원이지.

나: 이유가 뭡니까?

그: 첫 번째로는 고객을 진정으로 이해하고 있어야만 그렇게 할 수 있기 때문이네. 두 번째로 장기적으로 신뢰할 수 있는 행동을 보여주기에 좋은 영업 사원인 것이고. 세 번째 이유는 경쟁이 무엇인지 잘 알고 있는 사람이기 때문이지.

물론 타사에 좋은 상품이 있는데도 억지로 자기 회사의 상품을 팔려고 하는 행위는 좋지 않다. 하지만 타사의 상품을 굳이 추천까지 해야 할까?

그: 고객의 입장에서는 깊게 생각할 필요도 없어. 고객은 가장 좋은 제품과 서비스가 무엇인지 알고 싶을 뿐이니까. 그것을 알려주는 것이 진정한 제안력이지.

나: 물론 그렇긴 하지만, 그랬다간 자신의 실적이 떨어지잖아요.

그: 좋은 영업을 하는 사람은 그런 것에 쩨쩨하게 굴지 않아. 내가 아는 사람 중에 영업력이 아주 뛰어난 친구가 한 명 있는데, 그는 자사뿐만 아니라 여러 회사의 카탈로그를 가방에 넣고 다니면서 고객의 요구에 맞춰 보여주네.

나: 그렇군요.

그: 결과적으로 그 사람이 추천하는 건 믿을 수 있다는 신뢰를 얻을 수 있지. 그렇게 되면 따로 잘 보이려고 애쓸 필요도 없어.

나: 정말 그렇겠네요.

이후 나는 눈앞에 있는 영업 사원의 능력을 알고 싶을 때는 그 회사의 상품으로는 내 요구를 충족시킬 수 없는 상황에서 그가 어떤 태도를 보이는지를 살펴보게 되었다.

억지로 자사 상품을 들이미는가, 불가능하다고 말하는가, 아니면 타사의 상품이라도 좋은 것을 추천해주는가.

그로 인한 차이는 명백하다.

4

일 년 정도 전념해야 하는 일

노력을 성과로 이끄는 습관

'노력하면 보상받는다'라는 말은 사실이 아니다.

노력이 그저 노력에만 그치지 않고 결실을 맺기 위해서는

알아야 할 점이 한두 가지가 아니다.

그럼 성과를 올리기 위해서는 무엇이 필요할까?

머리가 좋아야 할까? 운이 따라야 할까?

아니면 기술이 뛰어나야 할까?

이 장에서는 성과를 올리는 방법에 대해 살펴보고자 한다.

머리 좋은 것과
성공은
별개의 문제

세상에는 좋은 머리로 그저 평범한 삶을 사는 사람이 무수히 많다. 내 경험으로는 대기업, 관공서, 연구소 등에서 일하거나 회계사같이 이른바 '사' 자가 붙는 직업을 가진 사람 중에서도 꽤 많았다. '머리가 좋은, 평범한 사람'이란 이런 사람을 말한다.

- 대체로 학력이 좋다. 명문 학교 출신자도 많다.
- 대화해보면 판단력이 날카롭고 머리가 좋다는 사실을 알 수 있다.
- 회사에서는 그 나름대로 출세하지만, 부문장이나 톱의 위치

에는 오르지 못한다.

• 세상에 알려질 만한 두드러진 성과를 내지는 못한다.

흔히 머리가 좋고 나쁨과 성공 여부는 별개의 문제라고 하는데, 나는 이 말에 전적으로 동의한다. 좋은 머리는 그 사람이 지닌 능력 중 하나일 뿐, 그것만으로는 성공할 수 없다.

물론 머리 좋은 사람 중에 "평범해도 괜찮아. 하루하루 마음 편하게 사는 게 최고야"라고 말하는 사람도 많다. 그런 사고방식도 나쁘지 않다. 그들 나름대로 행복한 삶을 살 수 있을 것이다.

하지만 불행하게도 머리가 좋고 성공에 대한 열망도 있지만, 성공이 좀처럼 손에 잡히지 않는 이들도 많다. 그들은 주변 사람과 자주 마찰을 빚는다.

"주위에 온통 무능한 사람들뿐이라서 내 말을 못 알아듣네."

"이런 것도 모르다니, 정말 구제불능이군."

"이따위 회사, 집어치우고 말지."

이런 생각으로 이직을 반복한다.

그런데 그 사람들의 말은 대부분 사실이다. 능력이 뛰어나서 대체로 상황을 정확하게 이해하기 때문이다. 즉 문제를 파악하는 능력이 훌륭하다. 그런 만큼 주위와의 마찰은 커진다.

나는 많은 회사와 함께 일하면서 그런 사람들을 심심찮게 볼 수 있었다.

내가 만난 어느 보험회사 직원도 마찬가지였다. 능력이 상당히 뛰어나서 대부분의 업무 사항을 정확하게 파악했다. 그의 우수한 능력은 종종 감탄을 자아낼 정도였다.

하지만 안타깝게도 그는 좀처럼 높은 자리에 오르지 못했다.

그렇게 유능한 사람이 왜 성과를 올리지 못했을까? 성공하지 못한 이유가 무엇일까? 여러 회사에 다니면서 관찰한 결과, 나는 그 원인을 다섯 가지로 요약했다.

첫째, '용기'가 평범한 수준에 그치기 때문이다.

큰일을 이루고자 한다면 때에 따라 도전이 필요하다. 하지만 누구나 위험성이 높은 일에는 도전하기를 망설인다. 머리가 좋다고 해서 특별히 도전 정신이 특출하지는 않다.

도전 정신이 없으면 평범한 성과를 거두는 데 그치고 만다.

둘째, 도움을 요청하는 일에 서툴기 때문이다.

맡은 일이 크면 클수록 혼자서 다 해내기는 어렵다. 물론 예외도 있겠지만, 똑똑한 사람은 대체로 문제를 혼자서 처리할 수 있기 때문에 도움을 요청하는 일에 익숙하지 않다.

더구나 윗사람은 도움을 적절하게 요청할 줄 아는 사람을 좋아한다. 사람은 자신이 누군가에게 도움이 된다는 사실에 기뻐하기 마련이다. 그런 이유로 때로는 상대방에게 의지함으로써 인간관계가 원만해지기도 한다.

셋째, 주위 사람들이 두려워하기 때문이다.

능력이 그다지 뛰어나지 않은 사람과 함께 일할 때, 그 사람을 대하는 태도를 다른 직원들도 지켜본다. 그리고 그 태도에 따라 자신이 어느 정도의 인망을 얻게 될지가 결정된다.

어느 미디어 회사에 유능하지만 인망이 없는 사람이 있었다. 그가 인망이 없는 이유는 회의에서 다소 미흡한 의견을 낸 사람을 지적할 때 지나치게 직설적으로 말하기 때문이었다.

"그저 그런 말만 반복하는 사람도 별로지만 그래도 그렇지, 너무 심하게 지적해"라는 소문이 돌 정도였다.

결국 그의 지나친 지적이 주위 사람들에게 공포심을 심어줬던 것이다.

넷째, 타인에게 그다지 기대하지 않기 때문이다.

이런 말을 하면 '머리는 좋은데 사교성이 부족하다'라는 의미로 이해하는 사람들이 있는데, 그런 뜻은 아니다. 똑똑한 사람은 대개 상대방의 생각을 읽을 수 있으므로 사실 사교성이 나쁜 사람은 별로 없다.

만화나 드라마에서는 판에 박힌 듯이 머리가 좋은 사람은 '공부벌레에 성격도 음침하고 타인과도 잘 어울리지 못하는 모습'으로 그려지지만, 실제로는 그렇지 않으며 사교성이 좋은 사람도 많다.

하지만 본질적으로 사람을 움직이는 힘은 사교성이 아니라 '타인에 대한 기대'다. 머리가 좋은 사람은 본인의 능력이 뛰어나므로 타인에게 그다지 기대하지 않는다. 웬만해서는 다른 사람이 자신보다 더 잘하리라고 생각하지 않기 때문이다.

다섯째, 머리가 좋은 것을 지나치게 중시하기 때문이다.

사람의 장점에는 여러 종류가 있지만, 똑똑한 사람은 타인을 평가하는 척도로 머리의 좋고 나쁨을 지나치게 중요시하는 경향이 있다.

근본적으로 좋은 머리가 성공의 필수 조건은 아니다. '얼마나 성공할 수 있는가' 하는 문제는 '머리가 얼마나 좋은가'에 의존할지도 모르지만, 성공 여부 자체를 결정하는 것은 머리가 아니라 행동력이다.

부하 직원을 키우는 8가지 훈련

나는 컨설팅 회사에서 12년간 근무했는데, 입사 4년 차에 관리직이 되어 그 이후로는 내내 부하에게 업무를 가르치는 일을 맡았다. 특별히 어려운 일을 가르치지는 않았다. 그저 수년간 상사들이 후배들에게 가르쳐온 지극히 당연한 일을 알려줬을 뿐이다.

매우 단순하고 평범한 내용으로, 어쩌면 다른 회사에서도 하고 있는 것일지도 모르겠다. 하지만 모두 다 중요한 사항이기에 하나 하나 차분하고 꼼꼼하게 살펴볼 필요가 있다.

시간 관리

시간 관리는 신입 사원에게 가장 먼저 가르치는 기술로, 모든 일의 근간이 된다. 수첩 쓰는 법, 업무 관리법, 스케줄러 활용법 등 기본적인 스킬로 이루어진다. 시간 관리를 못 해서 업무를 빠뜨리거나 기한을 자주 여기는 사람은 아무리 머리가 좋아도 신뢰받을 수 없기 때문에, 상사가 첫 번째로 시키는 훈련이다.

문장력 강화

작가는 아니었지만 우리는 메일이나 보고서, 제안서, 각종 자료 작성 등 문장력이 필요한 상황에 자주 처했다.

문장력 훈련 같은 건 필요 없다며 회의적인 태도를 보이는 사람도 있었지만, 대부분의 사람은 글쓰기에 익숙하지 않았기 때문에 그들이 쓴 글을 읽어보면 어딘가 부족함이 느껴질 때가 많았다. 메일을 이해하기 힘들게 쓰면 고객 클레임과 직결되는 상황도 일어날 수 있으니 당연히 문장에 신경을 써야 했다.

구체적인 훈련법은 여러 가지가 있지만, 나는 회사 세미나에서 쓰인 자료를 전부 요약하게 했다. 작가로 키우려는 의도가 아니었으니 그 정도로도 충분했다. 이 훈련은 자사의 노하우를 배우는 동시에 문장력도 기를 수 있다. 전체 분량이 100편 정도 되는 데다 한 편의 양도 꽤 두꺼워서 이를 훈련한 직원들은 상당히 고생스러웠을 것이다. 하지만 일 년쯤 계속하면 모두 그 나름대로 정돈된 글을 쓸 수 있게 된다.

토론

토론(discussion)은 매우 중요한 기술 중 하나다. 특히 고객과 토론해야 하는 상황이 잦은 컨설턴트에게는 말할 필요도 없다.

착각하고 있는 사람이 많은데, 토론은 논쟁(debate)과 다르다. 토론의 목적은 상대방의 의견을 꺾는 것이 아니다. 상대방에 맞서 이기려 하면 될 일도 안 된다.

토론은 상대방의 자존심에 상처주지 않으면서 진심을 끄집어내어 자신의 견해를 상대방에게 이해시키는 동시에, 토론 전에 나온 안보다 더 좋은 의견으로 합의하는 결과를 얻기 위한 활동이다.

훈련법은 지극히 평범하다. 회사에서 일상적으로 반복되는 토론을 통해 훈련하는데, 앞에서 말한 토론의 목적을 숙지하고 있다면 비교적 단기간에 익힐 수 있다.

회의 진행

이른바 퍼실리테이션(facilitation) 기술이다. 고객사에 가면 회의 진행자 역할을 맡을 때가 많으므로 신입 사원이라도 회의를 진행할 수 있어야 한다. 퍼실리테이션의 목적은 여러 가지가 있으나 나는 '회의 분위기를 고조하고 전원의 의견을 이끌어낸다'라고 설정했다.

훈련을 반복하면 신입 사원이라도 '논의가 정체될 땐 저 사람에게 물어보면 될 것 같군' 혹은 '처음부터 저 사람에게 물으면 결론이 나올 것 같으니 저 사람에겐 마지막에 물어봐야지' 등 의장으로서의 스킬을 몸에 익힐 수 있다.

이 훈련은 의장이 아니라 회의 참석자로서도 회의를 잘하는 방법을 익힐 수 있어 매우 유용하다.

발표력

젊은 직원에게도 적극적으로 세미나의 강사 역할을 부탁했다. 물론 처음에는 누구나 목소리가 떨리고, 강의는커녕 인사조차 만족스럽게 하지 못한다.

하지만 사람의 능력은 대단하다. 누구든 반년 정도 훈련하면 대부분은 훌륭하게 해낼 수 있다. 훈련법은 상당히 단순하다. 세미나 내용을 외우고 리허설을 반복할 뿐이다. 그렇게 하면 누구라도 강사가 될 수 있다. 또한 사람들 앞에서 말하기에 익숙해지면 자신감이 붙어 프레젠테이션도 편하게 할 수 있다.

독서

지식을 얻고 독해력을 강화하는 훈련이다. 이 훈련법 역시 무척 단순한 방법으로 '한 달에 책 10권 읽기'였다.

사람에 따라 독서에 익숙한 이가 있는가 하면 그렇지 않은 이도 있으므로 나는 읽어야 할 책의 종류를 굳이 지정하지 않았다. 그래서 어떤 직원은 소설이나 만화를 읽기도 했지만, 책을 아예 읽지 않는 것보다는 훨씬 나았다. 시간이 나면 어떤 책을 읽었는지 발표해보고 동료들끼리 좋은 책을 공유하도록 했다.

의견을 묻는 질문 습관

부하 직원과 의논하는 자리에서는 기본적으로 가장 먼저 '자네는 어떻게 생각하는가?'라고 질문했다. 상사에게 질문하기 전에 미리 자신의 의견을 마련해야 하므로, 이 훈련은 스스로 생각하는 습관을 기르는 데 효과적이다.

회식 자리의 매너

컨설턴트는 직업 특성상 외부 사람과 회식할 때가 많다. 그래서 회식 자리의 매너는 중요한 스킬 중 하나다. 사내에서 하는 회식은 사외에서 하는 회식의 연습이라고 생각하고, 부하는 상사에게 술을 따르거나 접시가 비면 재빨리 주문하는 등 바쁘게 움직일 필요가 있다.

개인적으로 회식은 상당히 고된 일 중 하나로 지금도 원하지 않는 사람은 함께하지 않아도 된다고 생각한다. 하지만 상사나 선배를 따라 어쩔 수 없이 참석한 회식 경험이 회사 밖에서 큰 도움이 된 건 사실이다.

최근에는 회식 자리를 싫어하는 젊은 사원이 많다는 이야기를 자주 듣는데, 외부 사람과 술자리를 자주 해야 하는 직업을 가졌다면 적극적으로 상사에게 부탁해 회식 자리의 매너를 배울 필요도 있다.

실패하지 않는 사람은
의심해볼 필요가 있다

　많은 회사에서 '목표 달성'이라는 말을 쓰고 있다. 직원들을 독려하기 위해 사용한다는 점은 알고 있지만, 늘 그 말에 대해 한 가지 의문을 품고 있었다.

　항상 목표를 달성하는 사람을 신용해도 될까?

　분명 경영자 입장에서 보면 매번 목표를 달성하는 사람은 고마운 존재다. 월급을 올려주거나 통 크게 보너스라도 쥐여주고 싶을 것이다.

　하지만 반대로 이렇게 생각해볼 수도 있다.

　항상 목표를 달성한다면 목표를 낮게 설정한 것은 아닐까?

어느 회사에서 인사 평가 제도에 관한 논의가 있었다. 논의 중에 '목표의 난이도'에 대한 이야기가 나왔다.

그 회사의 경영자는 '직원은 반드시 목표를 달성해야 한다'라는 방침을 고수하고 있었다. 그래서 목표 달성 정도에 따라 보너스 금액과 이듬해의 연봉 인상률이 결정되었다.

하지만 목표를 너무 낮게 설정하면 회사의 이익을 얻기 어렵고, 너무 높게 설정하면 직원들의 의욕이 꺾인다. 그래서 매년 각 부문장은 경영자와 함께 서로의 의견을 절충하며 '빠듯하게 달성 가능해 보이는 목표'를 세우느라 고생했다. 그리고 부문장과 직원들이 노력한 결과, 대부분의 사람은 매년 목표 달성에 성공했다. 경영자는 자기 생각이 옳다고 확신했다.

그러나 몇 년 후 그 회사에서 출시하는 상품들이 진부해져서 아무도 목표를 달성하지 못하게 되었다. 뒤를 잇는 히트 상품도 나오지 않았다.

당연한 결과였다. 위험성이 높은 도전에는 아무도 손대지 않으려고 했기 때문이다. 목표 달성의 실패는 회사 내에서 설 자리를 잃는 것과 다름없었다.

경영자는 혼자서 '위험성이 높은 신규 사업을 직접 해보겠다'라며 큰소리쳤지만, 그 말을 실현해보지도 못하고 결국 회사의 사업

규모를 축소해야만 했다.

물론 목표 달성은 본인이 쏟은 노력의 증거라는 점은 두말할 여지가 없다. 하지만 매번 목표를 달성하는 사람이 있다면, 혹은 매년 목표를 달성하는 조직이 있다면, 일하는 방식을 의심해봐야 한다.

실패가 용납되지 않는 상황만큼 사람을 보수적으로 만드는 요인도 없기 때문이다.

《혁신기업의 딜레마The Innovator's Dilemma》로 유명한 하버드대 경영대학원 교수 클레이튼 크리스텐슨이 지적한 바와 같이, 대기업 내에서 혁신이 일어나기 어려운 이유는 바로 '실패를 꺼리기' 때문이며, 직원들의 인사 평가에서 실패가 치명적인 결과를 가져오기 때문이다.

즉 무난하게 목표 달성에 성공한 사람이 좋은 평가를 받으므로 혁신이 일어나기 어렵다는 뜻이다.

도전이 필요한 목표에 대해 성과를 낼지 못 낼지는 확률의 문제이며, 장기적으로 꾸준히 도전하는 사람만이 성과를 거둘 수 있다.

그 이외는 '가짜 성과'라고 말해도 과언이 아니다.

회사원이 출세하기 위한
단 하나의 방법

"회사에서 출세하고 싶습니까?"

이 질문에 '전혀 생각 없다'라고 답하는 사람도 있겠지만, 대다수는 '가능한 한 하고 싶다'라고 대답하지 않을까.

높은 자리에 올라야 월급도 인상되고 하고 싶은 일도 할 수 있기 때문이다.

'이왕 회사원이 된 바에야 높은 자리에 앉고 싶다.'

보통은 이렇게 생각한다.

하지만 출세하는 방법에 대해서는 별로 들은 바가 없다. 아니, 오히려 잘못된 정보가 돌고 있다는 말이 맞을지도 모르겠다.

예를 들어 바로 얼마 전 어느 상장기업에서 "승진하기 위해서는 무엇이 필요합니까?"라고 물었더니 가장 먼저 나온 대답이 '업무 기술 향상'이었다.

조금 더 구체적으로 물어보자 영어나 기획력 혹은 프레젠테이션 능력 등 이른바 스킬에 관련된 답이 대부분이었다. 그 밖에는 상사의 마음에 들어야 한다고 말하는 사람도 있었고, 심지어는 운이 따라야 한다고 대답하는 사람도 있었다.

물론 이러한 요소가 중요하긴 하다. 하지만 모두가 경험상 알고 있듯이 영어 같은 스킬이 출세에 결정적인 요인은 아니다. 스킬을 익히거나 상사의 마음에 들고자 최선을 다해도 승진할 수 있을지 없을지는 아무도 모른다.

그렇다면 대체 무엇이 가장 중요할까?

미국의 경영학자 피터 드러커는 이렇게 말했다.

현실은 기업 드라마와 다르다. 부하가 무능한 상사를 뛰어넘어 더 높은 자리에 앉는 일은 일어나지 않는다.

상사가 승진하지 못하면 부하는 그 상사의 뒤에서 꼼짝도 못하는 신세가 될 뿐이다. 설사 무능이나 실패의 이유로 상사가 경질되더라도 유능한 차석이 그 뒤를 잇는 일도 없다. 대개 외부에서 영입된 사람이 후임을 맡는다. 게다가 새로 온 후임자는 자신과 함께 일하던 유능하고 젊은 인재들을 데리고 온다.

　그러므로 부하의 입장에서는 능력이 뛰어나고 승진이 빠른 상사 밑에서 일하는 것만큼 득이 되는 일도 없다.

—《경영자의 조건 The Effective Executive》(다이아몬드사)

　간단하게 말하면 상사의 출세가 부하의 출세에 결정적인 요인이 된다는 뜻이다. 설사 비열하고 인망이 없어 부하에게 도움이 되는 일은 하나도 하지 않는 상사라 할지라도 그가 승진하지 못하면 그의 부하도 승진할 수 없다.

　폭주족 출신 샐러리맨의 활약을 그린 인기 만화《샐러리맨 긴타로》의 주인공 긴타로는 회사의 창업자인 야마토 모리노스케의 도움으로 승진할 수 있었다. 일본 샐러리맨의 우상으로 평가받는 시마 고사쿠*는 자신의 상사인 나카자와 기이치가 승진해 사장이 된 후에야 자신도 사장 자리에 오를 수 있었다.

　만화는 허구지만 세상사의 축소판이기도 하다.

　자, 그렇다면 우리는 이제 무엇을 해야 할까?

　앞에서 인용한 피터 드러커의 말은 다음과 같이 이어진다.

●《시마 과장》,《시마 사장》등 만화 '시마 시리즈'의 주인공.

부하는 상사를 개선하고 싶어 한다. 유능한 고위 관료는 신임 장관의 개인 교사 역할을 자처하는 경향이 있다. 그리고 오로지 신임 장관이 자신의 한계를 극복하게 하려고 노력한다.

반면 성과를 올리는 관료는 '신임 장관이 무엇을 할 수 있는 가?'에 대해 생각한다. 만약 '의회나 대통령, 국민과 좋은 관계를 형성하는 능력이 뛰어나다'라는 결론이 나오면, 장관이 그 능력을 충분히 발휘할 수 있도록 돕는다.

아무리 좋은 정책이나 행정 집행이라 하더라도 그것을 추진할 수 있는 정치적인 수완이 확보되어야만 의회나 대통령에게 제안하는 것이 의미가 있다. 게다가 신임 장관은 관료가 자신을 돕고자 노력한다는 사실을 알게 되면, 그 관료가 제시하는 정책이나 행정에 관심을 기울일 것이다.

—《경영자의 조건》

상사를 바꾸기란 쉬운 일이 아니다. 하지만 상사가 좋은 성과를 거두도록 돕는 일은 충분히 할 수 있다.

'상사가 자신의 강점을 발휘해 성과를 올려서 승진할 수 있도록 돕는다.'

이것이 우리가 출세하기 위한 단 하나의 방법이다.

성과를 올리고 싶다면
부업을 해보자

최근 주변에서 월급 이외의 수입을 얻는 사람이 늘어나고 있는 것 같다.

구인·구직 정보를 제공하는 한 회사의 조사에 따르면, 최근에는 젊은 회사원 다섯 명 중 한 명이 부업을 하고 있다고 한다. 하지만 체감상으로는 솔직히 더 많은 사람이 부업을 하고 있는 듯하다.

그렇다면 사람들은 대체 어떤 부업을 하고 있을까. 실제로 보면 매우 단순하다. 요즘 자주 듣는 답은 다음과 같다.

• 유튜브에서 게임 실황 중계를 한다.

- 블로그로 어필리에이트(affiliate)● 활동을 한다.
- 직접 만든 물건을 온라인 쇼핑몰에 출품한다.
- 자기 방을 임대하는 웹서비스를 활용한다.
- 크라우드 소싱(crowd sourcing)●●으로 소소한 개발이나 디자 인 의뢰를 받는다.
- 소설을 써서 전자책을 출판한다.
- 사진을 찍어 웹사이트에서 판매한다.

다만 본업을 그만둬도 생활이 가능할 정도로 돈을 버는 사람은 드물다. 하지만 부업으로 얻는 월평균 소득이 4만3천 엔이라고 하니, 마냥 무시할 만한 금액은 아니다. 일 년으로 계산해보면 50만 엔이 넘는다.

하지만 부업으로 얻을 수 있는 이득은 돈만이 아니다. 더 중요한 것은 돈 버는 연습을 할 수 있다는 점이다.

돈 버는 연습이란, 스스로 상품을 만들어 판매하고 대금을 받아 재투자하는 일련의 사이클을 체험하는 일을 말한다. 회사원은 직

● 블로그나 사이트에 제품을 광고하고 그 광고를 통해 판매 수익이 발생하면, 성과에 따라 광고주가 운영자에게 보수를 지급하는 방식으로 이루어지는 마케팅의 한 종류.
●● 기업의 생산이나 서비스 활동에 대중을 참여시키고, 창출되는 수익을 참여자와 공유하는 방식.

장에서 분업 체제로 일하기 때문에 아무래도 직접 돈을 버는 능력은 약할 수밖에 없다.

하지만 변화가 빠른 요즘 세상에 한 회사에서 주어진 일만 계속하는 것은 아무리 생각해도 위험성이 너무 크다.

회사의 수명은 점점 줄어들어 회사의 존속 연수가 사람들의 근무 연수보다 훨씬 더 짧다. 결국 자기 인생을 전적으로 직장에 의지하는 행위는 회사의 사정, 상사의 형편에 맞춰 살아간다는 얘기나 마찬가지다.

돈 버는 능력은 기술자에게도 필요하다. 예를 들어 구글이 바라는 인재상은 전문성과 창의성을 갖춘 사람(smart creative)이다. 구글 회장인 에릭 슈미트는 자신의 저서에서 이렇게 말했다.

그렇다면 이 '전문성과 창의성을 갖춘 인재'는 구체적으로 어떤 사람을 말하는가.

전문성과 창의성을 갖춘 사람이란, 자신의 '직업적인 도구'를 가치 있게 활용하는 데 필요한 고도의 전문 지식과 높은 경험치를 가지고 있는 인재를 가리킨다. (중략)

의사, 디자이너, 과학자, 영화감독, 엔지니어, 요리사, 수학자 등이 그에 해당할지도 모르겠다.

실행력이 뛰어나며, 단순히 콘셉트를 구상하는 데 그치지 않

고 원형(元型)도 만들어내는 사람이다. (중략)

사업 감각도 탁월하다. 전문 지식이 우수한 결과물과 사업적인 성공으로 이어지도록 생각할 줄 알며, 이 세 가지 모두가 중요하다는 사실을 인지하고 있다.

—《구글은 어떻게 일하는가How Google Works》(일본경제신문출판사)

언뜻 보면 전문성과 창의성을 갖추기란 매우 어려워 보이지만, 사실은 부업으로 돈을 버는 사람이 하는 일과 별로 다를 바가 없다. 다시 말해서 제품을 만들어서 알리고 판매한다. 이러한 행위는 매우 창의적인 활동이다.

나는 지금까지 방문한 다수의 회사에서 스스로 상품을 만들어 알리고 판매하는 사람들을 만났다. 나는 그런 사람들에게 큰 매력을 느꼈다.

그들은 자신의 부업 활동을 회사에서 성과를 올리는 일과 결부해 생각했다.

"내가 만든 제품이 왜 팔리지 않을까?"
"내가 만든 제품이 왜 읽히지 않을까?"
"내가 만든 제품이 왜 쓰이지 않을까?"

이러한 문제들을 깊이 고민하고 수정해 판매를 위해 꾸준히 노력하는 것은 가장 효과적으로 사업 능력을 향상시키는 방법이다.

휴일에 게임을 하거나 TV를 보거나 쇼핑을 하는 등 소비를 즐기는 것도 좋다.

하지만 정말로 미래를 준비하는 힘을 기르고 싶다면, 스스로 만들어 알리고 판매하는 활동을 적극적으로 시도해보는 것도 좋지 않을까.

내가 3일 만에 익힌 기술은
누구나 3일 만에 익힐 수 있다

뛰어난 기능이나 기술을 습득할 수 있는지 없는지를 가르는 본질적인 요소는 무엇일까?

어느 기술자가 있었다.

정상급 기술자인 그는 회사 안팎에서 존경을 받고 있었다. 그리고 사람들은 그렇게 생산성 높은 개발을 할 수 있는 비결이 무엇인지 알고 싶어 했다.

어느 날 젊은 기술자들이 그에게 찾아가 "선배님처럼 빨리 개발할 수 있는 비결을 가르쳐주세요"라고 부탁했다.

그는 후배들의 요청에 흔쾌히 응하며 스터디 모임을 만들겠다고 약속했다.

며칠 후 많은 신입과 젊은 기술자가 그 모임에 몰려들었다. 모두 그가 얼마나 대단한 노하우를 알려줄지 기대하며 모여 있었다.

그는 자신이 하고 있는 일을 정리한 여러 장의 자료를 참가자들에게 나눠주고 모두를 향해 말했다.

"이 종이에 적힌 사항들을 완전히 익힐 수 있을 때까지 연습하세요."

거기에는 몇 가지 기본적인 처리법, 함수의 활용법, 설계에 대한 조언 등이 적혀 있었지만 특별히 새로운 내용은 없었다.

모두 저마다 한마디씩 했다.

"이런 건 이미 알고 있는데요."

"좀 더 유용한 방법을 가르쳐주시면 안 될까요?"

"이미 배운 내용이에요."

그 말을 들은 기술자가 말했다.

"그럼 제가 가르칠 것은 더 이상 없습니다. 실력을 높이기 위해서는 최대한 많이 만들어보는 방법밖에 없습니다."

한 젊은 기술자가 말했다.

"하지만 가능한 한 효율적으로 기술을 익히고 싶은데요."

그 말에 기술자는 이렇게 답했다.

"자신이 단 3일 만에 익힌 기술은 남들도 3일 만에 익힐 수 있습니다. 기능을 향상시키는 방법은 각자 스스로 찾아야 하지요. 남보다 그림을 잘 그리고 싶다면, 결국 남보다 더 많이 그리는 수밖에 없습니다."

"그래도……" 하며 입을 여는 사람이 있었다. 다들 하고 싶은 말이 있는 표정이었다.

기술자는 그들의 표정을 모른 체하며 설명을 이어갔다.

"좋은 곡을 만들고 싶다면 다른 사람보다 더 많은 곡을 만드는 수밖에 없어요. 효율적인 방법은 있을지도 모르지만, 그렇다고 해서 기능 향상에 걸리는 시간이 3년에서 1년으로 줄어들지는 않습니다."

모두가 조용히 그의 말을 듣고 있었다.

"오늘부터 매일 한 시간씩 연습하면 1년 후에는 아무것도 안 한 사람보다 365시간에 해당하는 만큼 향상된 기술을 익히게 되겠지요. 10년이라면 4천 시간에 가까워요. 그 정도 차이가 나면 남들은 절대 따라올 수 없습니다. 그런 수준을 우리는 '탁월하다'라고 표현하지요."

나는 오랫동안 여러 기업을 대상으로 연수를 진행해왔다. 물론 연수에서 가르친 노하우나 사고방식은 내 나름대로 다듬고 정리한 내용이었으니 연수 만족도도 보통 90퍼센트를 넘었다.

하지만 실제로 성과를 올리는 데 공헌하고 있는지 아닌지는 또 다른 문제다. 추적 조사를 해보면 연수에서 배운 내용을 실행한 사람은 약 20퍼센트였다. 현실적인 수치다.

그러나 그 20퍼센트의 사람들은 능력 향상을 확실히 실감하고 있었다.

결국 일의 능력을 향상시키는 데 지름길은 없으므로 시간을 들이는 수밖에 없다. 이러한 사실은 최근 사람들이 꺼리는 '말단 생활'이 꼭 필요하다는 점을 여실히 보여준다.

5

삼 년은 투자해야 하는 과제

리더십과 매니지먼트

아무리 유능한 사람이라도 혼자서 할 수 있는 일은 그리 많지 않다.

타인과의 협력은 누구에게나 중요하다.

하지만 타인과 협력할 때는 몇 가지 사실을 알아야 한다.

대표적인 것이 리더십과 매니지먼트다.

자기 힘으로 일하는 능력이 아니라

유능한 인재를 육성하고 직무에 맞게 편성해 협력하면서 일하는 능력,

궁극적으로는 그러한 능력이 가장 중요하다.

이 장에서는 '리더십'과 '매니지먼트'에 대해 다루고자 한다.

실수가 반복된다면
그의 상사가
무능한 것이다

"같은 말을 반복하게 하지 말게."

일하는 태도가 불성실한 부하에게 상사가 하는 단골 대사다. 그만큼 주의시키고 그렇게나 신경 써서 지켜봤는데도 똑같은 잘못을 되풀이하는 부하는 상사의 고민거리다.

"또 지각인가? 얼마나 더 말해야 알아듣겠어?"

"또 보고서 제출을 잊어버렸나? 대체 뭘 하는 거야?"

"또 고객에게 전화를 안 했다는 건가? 왜 자꾸 같은 말을 반복하게 만들지?"

혼나는 부하도 괴롭지만 혼내는 상사는 더 힘들다. 아무리 주의를 줘도 깜빡하고 실수하는 부하는 상사의 복통을 일으키는 원인이라고 흔히 이야기하지 않는가.

하지만 이런 상사에게 오히려 쓴소리하는 경영자도 있다. 7년쯤 전에 한 제조 회사에서 들은 이야기다.

"부하에게 같은 말을 반복하게 하지 말라고 말한다면 그건 상사인 본인이 무능하다는 증거입니다."

그 회사의 경영자가 말했다.

"상사의 역할 중 하나는 부하가 같은 실수를 반복하지 않도록 하는 것이니까요."

실수하는 부하를 둔 상사가 무능한 것이라니, 이해하기 힘들었다. 나는 자세한 설명을 듣고 싶었다.

경영자: 우리 회사에는 실수에 관한 규정이 있습니다.

나: 구체적으로 설명해주시겠어요?

경영자: 네, 그러지요. 먼저 첫 번째 실수는 누구의 탓도 아닙니다. 일하다 보면 실수를 하기 마련인 데다 완벽한 사람은 없으니까요. 중대한 잘못을 하는 사람도 있긴 하지만, 실수를 두려워하면 대담하게 일할 수 없습니다. 그러니 첫 번째 실수에 대한 책임은 불문에 부칩니다.

실수에 대한 책임을 묻지 않는다는 원칙 또한 대범한 발상이라는 생각이 들었다. 나는 그 경영자에게 큰 흥미를 느꼈다.

경영자: 그리고 같은 사안에서 두 번째 실수, 다시 말해 반복해서 일어난 실수는 본인의 책임입니다. 호되게 꾸짖어야 하지요. 같은 잘못을 두 번이나 했다는 말은 일을 배울 자세가 안 되어 있다는 뜻이니까요.

나: 그렇지요.

경영자: 하지만 세 번이나 같은 실수를 반복했다면 그 실수는 상사의 책임입니다.

세 번째 실수는 본인이 아닌 상사의 책임이다? 흥미로웠다. 나는 다시 물었다.

나: 본인 책임이 아니고요?

경영자: 그렇습니다. 부하 직원이 두 번이나 실수하는 모습을 보고도 상사는 재발 방지책을 제대로 알려주지 않았으니까요. 이해되세요? 계속해서 발생하는 실수는 당사자가 혼자서 해결할 수 있는 문제가 아니라 구조적인 대책이 필요한 문제입니다. 대책을 마련하지 않으면 조직에는 노하우가 쌓이지 않고, 누가 책

임을 져야 하는지도 모호해집니다. 그런 일은 용납할 수 없지요.

나: 그렇군요.

경영자: 그러니 같은 말을 반복하게 하지 말라는 소리가 나오는 상황이 생겨서는 안 되지요. 그런 의미에서 저는 그 말이 상사가 무능함을 보여주는 증거라고 생각합니다.

당시 나는 그 회사에서 품질경영에 관한 컨설팅을 하고 있었지만, 이때 나눈 대화는 '조직의 실수 재발 방지 시스템'에 대해 이해하는 데 좋은 계기가 되었다.

머리가 뛰어난 리더와 행동력 있는 리더, 누구를 더 따를까?

어느 회사에서 리더의 자질에 관한 논의가 있었다. 논의 주제는 '머리가 뛰어난 리더와 행동력 있는 리더 중 사람들은 누구를 따를까?'였다.

물론 두 가지 조건을 모두 겸비하고 있는 사람이 이상적이다. 하지만 머리로 생각하는 타입과 일단 행동으로 옮기는 타입은 보통 양립하기 힘들다.

사람들이 어떤 유형의 리더를 더 따를 것인지에 대한 이야기가 시작되었다. 당연히 참가자들 사이에서 머리가 뛰어나다는 말이 무슨 뜻인지를 묻는 질문이 나왔다.

이에 대해 의장은 '계획을 꼼꼼하게 세우고 직감보다는 수치를 중시하며 웬만해서는 실수하지 않는 리더'라고 정의했다.

한편 행동력 있는 리더는 '계획은 최소한으로 세우고 일단 자신이 솔선해서 시도해본 뒤 직감적으로 판단한다. 자주 실수하지만 수정도 빠른 리더'라고 정의했다.

두 리더의 성과는 같은 수준이라고 가정했다.

자, 당신은 어떻게 생각하는가?

결과는 명백했다.

성과가 같은 수준이라면, 압도적으로 많은 사람이 행동력 있는 리더와 함께 일하고 싶다고 답했다. 반대로 머리가 뛰어난 리더에 대해서는 혹평했다.

"굳이 다른 사람을 필요로 하지 않을 것 같습니다."

"함께 고생해주지 않을 것 같아서요."

"수치만 따져서 일한다면 재미가 없지 않을까요?"

이런 의견들이 쏟아졌다. 흥미로운 사실은 일을 잘하는 사람일수록 행동력 있는 리더를 지지했다는 점이다.

논의 전에는 그들이 실수하지 않는 리더를 선호할 것이라고 예상했는데, 오히려 일을 잘하는 사람들은 대다수가 다음과 같은 의견을 내놓았다.

"리더가 실수해도 우리가 보좌할 수 있습니다."
"도전이란 실수도 포함하는 것이니까요."
"실수해본 적이 있는 사람에게 오히려 믿음이 갑니다."

반면 일을 잘하지 못하는 사람들의 생각은 이러했다.

"쓸데없는 일을 시키는 리더는 싫습니다."
"저보다 뛰어난 사람만을 리더로 인정할 수 있습니다."

그 회사만의 이야기일지도 모른다는 생각도 했지만, 과거에 방문한 회사의 리더들을 떠올려보니, 실제로 사람들이 따르는 리더는 분명 행동력 있는 리더에 가까운 이미지였다. 그 논의의 결과에는 일리가 있다.

결국 요약하면 '인간적인 매력이 리더를 만든다'라고 할 수 있다. 그리고 그 인간적인 매력은 최소한의 힘으로 정확하게 일을 처리하는 능력이 아니라 최선을 다해 힘닿는 데까지 일하는 자세에서 나온다.

이 책을 읽는 당신은 현재 리더일 수도 있고 혹은 앞으로 리더가 될 사람일 수도 있겠다. 리더로서 모범을 보여야 한다거나 혹은 실수해서는 안 된다는 압박을 느끼는 사람도 있을 것이다.

하지만 부하 직원들이 리더에게 바라는 것은 실수하지 않는 완벽함이 아니라 솔선해서 행동하고 실수했을 때는 본인의 잘못을 인정하며 신속하게 수정하는 자세다.

좋은 상사와 나쁜 상사를 구별하는 6가지 기준

　많은 기업의 프로젝트에 참가해야 하는 컨설턴트에게는 여러 관리자를 비교해서 좋은 상사와 나쁜 상사를 구별하는 것도 중요한 업무 중 하나다. 나쁜 상사에게 프로젝트의 책임을 맡기면 일이 제대로 진행되지 않는 반면, 좋은 상사에게 맡기면 다소 문제가 발생하더라도 일은 제대로 진행된다.

　컨설턴트는 어디까지나 외부인일 뿐이라서 좋은 성과를 낼 수 있을지 없을지는 그 회사 직원들의 일하는 태도와 방식에 따라 결정된다. 그리고 직원들에게 명령할 수 있는 권한은 그들의 상사에게 있다. 그런 이유로 프로젝트가 시작되면, 나는 일단 누가 좋은 상사인지를 파악하는 일에 꽤 많은 시간을 들이곤 한다.

어떤 조직이든 좋은 상사가 있는가 하면 나쁜 상사노 있기 바련
이다. 그리고 흥미롭게도 사내 평판이 좋다고 해서 반드시 좋은 상
사라고 단정할 수 없고, 반대의 경우도 마찬가지다. 사내 평판이 좋
다는 이유로 그 사람에게 일을 맡겼다가 나중에 일이 전혀 진행되
지 않았다는 게 밝혀져 큰 문제가 될 때도 있었다.

그래서 나는 좋은 상사인지 아닌지를 파악하기 위해 사내 평판
에 얽매이지 않는 판단 기준을 세워보았다. 물론 이것이 절대적인
기준은 아니다. 내 경우에도 가끔은 맞지 않을 때도 있었다. 하지만
많은 회사에서 검증한 결과, 그 나름대로는 쓸 만한 판단 기준이라
고 생각한다.

1. 좋은 상사는 부하의 장점에 대해 자랑하느라 바쁘고, 나쁜 상
사는 부하의 단점에 대해 푸념하느라 바쁘다.

좋은 상사는 부하 직원에 대해 말할 때 "그 사원은 ○○을 잘해",
"그는 ○○ 능력이 뛰어나지"라며 자주 자랑한다. 혹은 "그렇게 재
미있는 직원과 일할 수 있어서 좋아"라고 말하는 사람도 있다.

반면 나쁜 상사는 "그 사원은 ○○을 못 해", "그는 ○○ 능력이
부족해"라며 푸념하는 경우가 많다.

2. 좋은 상사는 유쾌한 듯이 일하고, 나쁜 상사는 불쾌한 듯이 일한다.

상사가 어떤 태도로 일하고 있는지는 부하 직원에게 큰 영향을 미친다. 대부분의 좋은 상사는 항상 유쾌해 보인다. 속마음은 어떨지 모르지만, 골칫거리나 불만이 있을 때도 '기분 좋게, 그러나 빈틈없이' 일한다.

하지만 나쁜 상사는 거의 항상 불쾌해 보인다. 물론 노골적으로 화풀이하지는 않지만, 직원들은 모두 상사의 기분이 좋지 않다는 사실을 눈치챈다. 그런 분위기에서는 종종 상사가 부하 직원으로부터 중요한 사실을 보고받지 못하는 상황이 발생하기도 한다.

3. 좋은 상사는 회사의 장점을 알려주고, 나쁜 상사는 회사의 문제만 지적한다.

물론 좋은 상사도 회사의 문제점이 무엇인지 알고 있다. 하지만 문제에 대해 언급할 때는 반드시 회사나 업무의 매력에 대해서도 함께 말한다. 나쁜 상사는 문제점밖에 보지 못하기 때문에 부하 직원에게 회사의 장점을 알려줄 수 없다.

4. 좋은 상사는 자신의 실수에 대해 사과하지만, 나쁜 상사는 사과하지 않는다.

아무리 능력이 뛰어난 상사라도 사람은 누구나 실수하기 마련이다. 그럴 때 어떤 태도를 보이는지가 중요하다.

좋은 상사는 자신이 잘못된 지시를 내렸을 때 실수를 인정하고 사과한 후 신속하게 다음 지시를 내린다. 궤도 수정이 빠르다.

나쁜 상사는 자신이 잘못된 지시를 내렸을 때 그 지시를 정당화하는 데 많은 시간을 할애한다. 그래서 궤도 수정이 더디다. 그들은 사과하면 자신의 권위에 흠집이 생긴다고 생각한다.

5. 좋은 상사는 자신과 생각이 다른 사람을 중시하지만, 나쁜 상사는 자신과 생각이 같은 사람을 중시한다.

'회사를 위해' 혹은 '고객을 위해'라는 전제를 따르고 있는 한, 좋은 상사는 회의에서 자신과 다른 의견을 내는 사람을 중시한다. 그래서 문제에 대한 다양한 접근이 가능해진다.

반면 나쁜 상사는 자신과 같은 생각을 하는 사람만 중시한다. 때로는 자신과 다른 생각을 하는 사람을 배제하기도 한다. 직원들은 그 모습을 보고 '회사나 고객을 위해'가 아니라 '상사의 생각을 읽기 위해' 애쓰게 된다.

6. 좋은 상사는 항상 공부하지만, 나쁜 상사는 과거의 경험에 의존한다.

좋은 상사는 승진하면 더욱 열심히 공부한다. 정보를 모으고 책을 읽으며 자신의 경험에서 법칙을 도출해 실천해본 뒤 수정한다. 그리고 부하 직원에게서도 배운다. 이러한 노력을 성실하게 쌓아나간다.

나쁜 상사는 승진하면 공부를 그만둔다. 과거의 성공 체험을 자신의 판단 기준으로 삼아, 그 기준을 위반하는 일은 절대 용납하지 않는다.

물론 부하 직원을 전혀 칭찬하지 않는 좋은 상사도 있었고, 사교성이 무척 뛰어난 나쁜 상사도 있었다. 하지만 이 여섯 가지 항목은 칭찬 여부나 사교성과 상관없이 상사를 판단하는 기준이다.

만약 당신이 회사에서 좋은 성과를 내고 있다면

회사 조직을 운영하는 일은 어렵다. 그리고 그 어려움의 본질은 '다양성을 인정하면서도 단결성을 유지해야 한다'는 점에 있다.

직원 모두가 획일적인 사고에 빠진 기업에 미래는 없다. 생태계에서 유전적인 다양성이 중요한 이유 중 하나는 단일한 재앙으로 종족이 전멸하는 비극을 막기 위해서라고 한다. 변화에 적응하기 위해서는 다양성이 중요하다.

세계적으로 유명한 일본 영화감독 오시이 마모루는 자신의 작품 〈공각기동대〉에서 "조직도 사람도 특수화의 끝에는 서서히 맞이할 죽음만이 있다"라고 했다.

하지만 구성원들 각자가 내세우는 규범이 지나치게 다양한 조직 역시 살아남기 힘들다. 외부와의 경쟁이 아니라 내부 투쟁에 너무 많은 에너지를 쏟아부어야 하기 때문이다. 의사 결정은 늦어지고 행동은 단결되지 않는다. 그런 조직은 살아남을 수 없다.

어느 상사(商社)를 방문했을 때의 일이다. 영업자 출신의 사장은 기운이 넘치고 상대방에게 호감을 주는 인물이었다. 하지만 내부 영업자들은 그렇게 느끼지 않는 듯했다. 내부 영업자들은 이렇게 말했다.

"성과가 안 좋은 사람은 직원 취급도 못 받아요. 사장님은 좋은 성과를 내야 비로소 당당하게 말할 수 있다고 늘 말씀하세요."

그럴 법도 하다. 맞는 말일지도 모르겠다.

"성과를 내지 못한 사람은 어떻게 되나요?"

나는 영업자들에게 물어보았다.

"그냥 조용히 성과가 좋은 사람의 말을 들어야 하지요."

그 회사는 실적 1위인 직원을 표창하고 있었다. 벽에는 개인별 영업 실적이 붙어 있고, 경쟁심을 부추기듯이 '실적 1위 직원의 한마디'도 볼 수 있었다.

회사의 실적은 점점 향상되고 있었다. 3년 연속 최고 영업이익을 갱신했으며, 직원도 100명대를 돌파해 그야말로 파죽지세로 성장하고 있었다.

8년 후 나는 그 회사를 다시 찾았다. 꽤 오랜만에 방문했지만 직원들은 반갑게 맞아주었다.

하지만 회사 실적은 최근 4년 동안 저조한 상황이었다. 직원도 130명 전후를 왔다 갔다 하는 정도로, 예전과 비교해 줄지도 늘지도 않은 상태였다.

한 직원의 말에 따르면, 리먼 사태 때문에 불행이 시작되어 주요 고객의 가격 인하 요구와 재고 과잉까지 이어져 이익을 내기 어렵게 되었다고 했다.

나는 그곳의 직원에게 물었다.

나: 그때 실적 1위였던 사람은 어떻게 되었나요?

직원: 회사 상황이 안 좋아지자 바로 그만두더라고요. 그 당시 근무하던 직원 중에 지금 남아 있는 사람은 30명 정도밖에 안 됩니다.

나: 그렇군요. 다들 고생해서 회사를 다시 일으키셨군요.

직원: 맞아요. 리먼 사태 이후에 정말 힘들었어요. 바로 직후에는 괜찮았는데, 반년 정도 지나니까 서서히 영향이 나타나더군요. 한때는 정말 어떻게 될지 몰라 걱정이 많았습니다.

나: 그 위기를 어떻게 넘기셨어요?

직원: 8년 전에는 거의 안 팔리던 신상품의 판매량이 점점 늘어

나서 지금은 상품 구성이 싹 바뀌었어요. 그때와 달리 대량으로 물건이 팔리지는 않지만, 단가가 높아서 후속 지원 작업이 주요한 일입니다.

나: 후속 지원이요?

직원: 네. 지금은 상품을 납품한 후에 컨설팅 같은 일을 해서 수익을 내고 있거든요.

나: 벽에 붙어 있던 실적표는 없어졌네요.

직원: 네. 평가 기준도 많이 달라져서 그때의 영업 스타일을 좋아하는 사람들은 대부분 그만뒀어요.

좋은 성과를 내고 있다는 말은 본질적으로 지금 다니는 회사의 사업이나 상품이 본인의 능력과 잘 맞는다는 의미일 뿐이다.

명심해야 할 점은 현재 상황이 절대적이지 않다는 사실이다. 지금 아무리 높은 성과를 올리고 있는 사람이라도 상품이 바뀌면 능력을 발휘하지 못할 수도 있다.

지금은 무능해 보이는 사람일지라도 사업 성격이 바뀌면 뛰어난 능력을 발휘할지도 모른다. 영업 쪽에서는 실적이 바닥인 사람도 프로그래머나 디자이너로서는 유능할지도 모른다.

물론 성과가 좋은 사람을 안 좋은 사람과 동등하게 대우해서는 안 된다. 자칫하면 성과를 중시하지 않는 풍토를 조성할 수 있다.

하지만 좋은 성과를 내고 있는 사람은 '지금 나는 운이 좋을 뿐이야'라고 생각할 필요가 있다. 사실 그게 맞는 말이다.

만약 당신이 현재 좋은 성과를 거두고 있는 직원이라면 겸허한 태도를 가지고, 성과를 거두지 못하는 직원이 능력을 발휘할 수 있는 방법을 함께 찾아야 한다. 그 방법은 그동안 해온 바와 다를 것이다. 하지만 당신은 새로운 방식을 받아들여야 한다.

다양성과 단결성이 양립하기 위해서는, 좋은 성과를 내고 있는 사람이 의식을 바꿔야 한다.

무작정 노력할 것인가, 편하게 노력할 것인가

상대방을 노력하게 만드는 데 탁월한 재주가 있는 상사가 있었다. 그는 항상 "노력도 편하게 해야 해"라고 말했다. 얼핏 들으면 모순처럼 느껴지지만 그렇지 않다. 무슨 일이든 잘하기 위해서는 설사 재능이 있더라도 노력이 필요한데, 그 노력을 어떻게 할지는 본인의 선택에 달려 있다.

즉 힘들게 노력할지, 아니면 편하게 노력할지는 우리가 택할 수 있다.

힘들어서 억지로 하는 노력은 오래 지속할 수 없다. 사실 그것은 단순히 고통을 참고 견디는 행위일 뿐, 노력이라고 할 수 없다. 편하게 노력하고, 그 노력을 지속하는 방법을 고민하는 행위까지 포함해 노력이라고 부른다.

　그 상사는 이렇게 말했다.

"예를 들어 꼭 읽어야 하는 책이 있다고 해보지. 그래서 자네는 그 책을 읽기 시작했지만, 열 장만 읽었는데도 지루해졌네. 괴롭지만 읽고 리포트를 써야 하는 상황이야. 책을 덮고 싶은 마음을 꾹꾹 참아가며 열심히 읽어 녹초가 되긴 했지만, 어쨌든 열 시간 만에 끝냈어. 이를 두고 노력했다고 말할 수 있을까?"

　그는 아니라고 했다.

　편하게 노력하는 사람은 다르다. 똑같은 일이라도 어떻게 하면 쉽게 할 수 있을지를 궁리한다.

　구체적으로는 그 책을 이미 읽은 사람에게 개요를 물어본다. 어느 부분이 재밌었는지를 묻고, 리포트를 보여달라고 부탁한다. 그러고 나서 책을 읽기 시작한다. 주변에 읽은 사람이 없다면 누군가에게 도움을 청한다.

　그렇게 하면 사람들과 생각을 공유할 수 있어 책 읽기가 쉬워진다. 타인의 의견을 듣다 보면 자신도 생각이 저절로 떠오른다. 남과는 다른 특색 있는 리포트를 쓸 수 있다.

만약 영업팀에서 텔레마케팅을 해야 하는 상황이라고 가정하자.

신입에게는 딱히 반길 만한 업무가 아니다. 하지만 성과를 내기 위해서는 매일 전화를 해야 한다. 상당한 고통이 따르지만 참고 견디며 하루하루 열심히 해나간다.

'지난주는 세 건의 약속을 잡았지. 이번 주는 두 건뿐이었어. 다음 주도 계속해야겠지. 아, 진짜 괴롭다.'

이것을 노력이라고 말할 수 있을까.

그 상사는 '텔레마케팅은 게임'이라고 말했다.

누군가가 전화를 받으면 1점 획득, 목표로 한 사람과 연결되면 추가로 1점, 상대방이 흥미를 보이면 또 1점, 약속을 잡게 되면 3점 획득. 텔레마케팅의 과정을 점수화하면 작업 방식의 개선을 촉진하고 변화가 일어난다.

30분 안에 몇 점을 받을 것인가. 점수를 가시화하면 자신이 얼마나 향상되었는지도 알 수 있고, 동료와 점수를 비교하며 경쟁할 수도 있다.

"게임에 싫증 날 즈음에는 일에 익숙해져서 더 이상 괴롭지 않을 거야"라고 그는 말했다.

노력을 잘하는 재능은 없다. 노력을 잘하기 위한 고민만이 있을 뿐이다.

그는 이렇게 강조했다.

"무작정 노력하라고 말하면 안 돼. 노력하는 방법을 찾으라고 해야지."

그리고 그 방법은 정신적인 차원의 방식은 아니다.

재촉만 하는 상사는
무엇을 놓치고 있을까

어느 회사나 일을 재촉하는 상사가 있기 마련이다. 아래 대화에서 괄호 안은 부하 직원이 마음속으로 하는 말이다.

상사: 이 일은 3일이면 할 수 있지?

부하: …… 네. (말도 안 돼. 3일 안에는 절대 못 하지.)

상사: 이번 프로젝트는 1개월 안에 끝내게.

부하: …… 열심히 해보겠습니다. (나 참, 제대로 하려면 적어도 3개월은 걸리겠다.)

물론 일을 빨리하라고 말하는 상사의 기분도 이해한다. 자칫하면 부하가 게으름을 피울지도 모른다고 의심하는 상사도 꽤 많을 것이다.

하지만 상사가 재촉한다고 해서 실제로 일이 빨리 진행되지 않을뿐더러 오히려 부하 직원은 상사의 재촉에 대한 대응책을 마련하기 위해 쓸데없는 시간을 낭비하게 된다.

가령 공사를 강행해서 끝냈다고 해도 그저 기일만 맞췄을 뿐, 가장 중요한 결과물의 질은 어중간한 수준에 그칠지도 모른다. 수정으로 인해 결국 더 많은 시간이 걸린다면, 애초에 서두른 의미가 사라진다.

이런 상황에 대해 프로젝트 관리의 일인자인 톰 드마르코는 "압박하는 일이 관리자의 임무라고 생각하는 사람이 많다"라고 지적했다.

하지만 이와는 반대로 부하 직원의 일하는 속도를 높여주는 상사도 있다. 그들은 재촉하지 않는다.

"빨리 처리하게."

"아직 못 끝냈나?"

이런 말은 하지 않는다.

하지만 그의 부하 직원은 똑같은 업무를 재촉하는 상사 밑에서 일할 때보다 훨씬 더 빨리 끝낸다.

재촉만 하는 상사는 아랫사람을 괴롭게 만들지만, 부하 직원의 일 속도를 높여주는 상사는 사람들이 함께 일하고 싶어 한다. 도대체 무엇이 다를까?

차이점은 다음 두 가지 발언을 부하 직원에게 하는지 안 하는지에 있다.

- 나는 ○월 ○일까지 일을 끝냈으면 하는데, 혹시 그 기한을 맞추는 데 문제가 있나? 내 도움이 필요하면 말해보게.
- ○○은 필수 사항이고, ○○은 노력 목표*네.

첫 번째 발언은 상사인 자신이 도와줄 일을 묻고 있다.

두 번째 발언은 일의 우선순위와 도달점을 설명하고 있다.

사실 재촉하는 행위는 부하 직원의 일을 방해만 할 뿐, 결국 아무 일도 하지 않는 상태와 같다.

원래 상사가 해야 할 일은 조력과 요구 기준의 설정이다.

혹시 부하 직원이 게으름을 피우더라도 이 방법을 쓰면, 그에게

---

* 목표치가 높아 달성 가능성은 낮으나 달성하기 위해 노력하는 것 자체를 주목적으로 하는 목표.

성과를 약속받을 수 있고 적정한 기한도 설정할 수 있다. 그러므로 위의 두 가지 발언만으로도 부하의 업무 속도는 꽤 빨라진다.

압박만 하는 우를 범하지 말고, 상사로서 자신이 해야 할 일을 충실히 수행하도록 하자.

사람을 성장시키는 건 지식이 아니라 자신감이다

예전에 직장 생활을 하던 시절, 내가 가장 많이 의지한 상사는 부하 직원을 성장시키는 능력이 탁월한 사람이었다. 그는 사실상 회사의 최고 위치에 있었지만, 당시 그에게 사사한 나의 선배나 동료, 후배들을 보면 그의 능력을 인정할 수밖에 없었다.

어떻게 그 상사는 아랫사람들을 그렇게 효과적으로 성장시킬 수 있었을까.

다양한 의견이 있겠지만, 한 가지 중요한 요인은 '부하 직원의 질문에 대한 그의 대응법'에 있다고 생각한다.

그 상사에게 질문하면 항상 구체적으로 이런 상황이 벌어졌다.

나: 죄송합니다만, 지금 시간 좀 있으세요?

상사: 응, 괜찮아.

나: 오늘 방문한 회사 말인데요, 거기서 그곳 사장님과 부장님을 만나 현재 상황에 대한 의견을 들었습니다.

상사: 응.

나: 근데 내용을 살펴보면 두 분의 의견이 서로 달라서요. 이럴 때는 누구 말을 믿어야 할까요?

상사: 그렇군, 재미있는 상황이네.

나: 둘 다 일리가 있긴 한데, 저는 판단이 잘 안 서서요.

상사: 좀 보여주게.

나: 네.

상사는 내가 건넨 자료를 보면서 잠시 생각에 잠겼다. 지금 생각하면 그는 이때 어떻게 하면 나에게 쉽게 이해시킬 수 있을지 작전을 짜는 중이었다.

(3분 후)

상사: 그래서 자네는 어떻게 생각하나?

나: 음, 짐작도 안 되네요. 두 분의 이야기가 모두 맞는 것처럼 보입니다. 다만 부장님은 모호한 말씀만 하셔서……

상사: 결론부터 말해주게.

나: 아, 죄송합니다. 저는 사장님의 말씀을 믿는 편이 더 낫다고 생각합니다.

상사: 오, 왜 그렇게 생각하나?

나: 부장님은 자신 없는 태도로 불분명한 얘기만 하셔서요.

상사: 그렇군. 잠시 기다려주겠나? (도표를 그리기 시작한다.)

나: 뭘 쓰고 계십니까?

상사: 정리를 좀 해보자고. 잠시만 기다리게.

나: 네.

그는 설명할 때 항상 도표를 그렸다. 도표를 보여주면서 상대방이 생각을 정리하도록 유도했다. 그는 절대 스스로 해답을 말하지 않았다. 오로지 상대방의 머릿속에 있는 생각을 정리해주는 역할에만 충실했다.

(2분 후)

상사: 이 표를 좀 봐주겠나? 도표로 나타내면 이렇게 되겠지? 사장은 이렇게, 부장은 이렇게 말하고 있지. 이걸 보고 뭔가 떠오르는 게 없나?

나: 네?

상사: 자네라면 5분 안에 알아낼 수 있다고 생각하네.

나: 네……. 잠시만 기다려주세요.

상사: 좋아. 얼마든지 생각하게.

나: 뭘 알 수 있을까요? 부장님의 의견이 지난번에 하신 얘기와 모순된다는 점인가요?

상사: 응, 그 말도 맞지만 모순은 자주 있는 일이지. 더 중요한 사실이 있네.

나: …….

상사: 자네는 아마 정답을 알고 있을 것 같은데. 여기를 보게.

나: 음…….

그는 내가 난감해하자 힌트를 줬다. 조금씩 그리고 적절하게. 그 힌트는 내가 무엇을 중점적으로 생각해야 하는지를 알려주는, 해결의 실마리가 되었다.

상사: 부장은 왜 이렇게 말했다고 생각하나? 그 자리에 누가 함께 있었지?

나: 아……. 혹시 부하 직원 앞이라서 그분이 사실대로 말하지 못했을까요?

상사: 그렇다면?

나: 그럼 ○○ 회사의 사례와 똑같네요! 그렇군요! 사장님이 하신 말씀을 믿으면 되겠어요!

상사: 그렇지, 정답이야.

나: 고맙습니다! 이제 알겠습니다!

상사: 그래도 □□만은 주의해야 한다는 걸 잊지 말게.

나: 네? 왜 그런 것이지요?

상사: 이유가 뭐라고 생각하나?

(이후에도 같은 방식으로 대화가 반복된다.)

코칭에 대해 조금 아는 사람에게 이 이야기를 하면 이런 방식을 코칭이라고 여길 수도 있겠지만, 내 개인적인 생각으로는 코칭은 아닌 것 같다.

그는 부하 직원과의 대화를 마치 퀴즈 방송처럼 즐기면서 복잡한 과제를 정리해 스스로 이해할 수 있게끔 도왔다.

그의 방식은 많은 인내심을 요한다. 정답을 바로 알려주면 1/10에 해당하는 시간 내에 해결하고 다시 자기 일로 돌아갈 수 있었겠지만, 그는 그렇게 하지 않았다.

조지워싱턴대학의 인적자원개발학 교수인 마이클 J. 마쿼트는 자신의 저서 《질문 리더십*Leading with Questions*》에서 이렇게 말했다.

상사가 "자네는 어떻게 생각하나?"라고 질문하면, 부하는 어떤 생각이 들까. 상사가 자신의 의견을 구하고 있다는 점에서 본인이 신뢰와 인정을 받고 있다고 느낄 것이다. 그리고 상사에게 인정받고 있음을 실감한 부하는 자신감을 얻게 되고, 그 자신감은 한층 더 높은 향상심과 의욕으로 이어져 결과적으로 부하를 성장시킨다.

추측하건대 그가 부하 직원의 성장을 위해 전해준 것은 '지식'이 아니었다. 그와의 대화를 통해 부하 직원이 얻은 것은 스스로 문제를 해결했다는 '자신감'이었다.

6

평생 노력할 가치가 있는 일
·······································

일을 통해
더 좋은 삶 만들기

일과 사생활은 별개라고 말하는 사람도 많다.

하지만 일하는 시간은 인생에서 많은 부분을 차지하며,

자신이 사회에 필요한 존재라는 사실을

일 이외의 방법으로는 실감하기 어렵다.

일을 통해 더 나은 인생을 살기 위해서는 어떻게 해야 할까?

이 장에서는 일을 통해

더 좋은 삶을 만드는 법에 대해 이야기하고자 한다.

우리는 일을 통해
무엇을 얻는가

어느 회사의 인턴으로 참가한 학생 한 명이 인턴이 끝난 후, 나에게 한 통의 메일을 보내왔다. 회사 경영자에게 인턴 생활에 대한 감사 인사를 전하는 메일이었는데, 내용 중에 한 가지 질문이 포함되어 있었다.

나는 그 메일을 경영자에게 전달한 뒤, 그가 뭐라고 할지 답신을 기다리고 있었다. 그런데 그 질문을 본 경영자는 직접 답장을 쓰겠다는 뜻을 밝혔다.

학생은 완곡하게 에둘러서 말했지만, 그가 한 질문은 결국 이것이었다.

"왜 일을 해야만 하나요?"

그 경영자는 "물론 인턴의 성적이나 질문 내용은 채용과 관련 없다고 말했지만, 이 질문은 꽤 대담하군요"라며 감탄하더니, 성실하게 답변하고 싶다며 다음과 같은 내용의 메일을 보냈다.

안녕하세요.

"왜 일을 해야 하나요?"라는 질문을 받고 나는 꽤 놀랐습니다. 이제까지 나는 일하는 것을 너무나도 당연하게 생각해왔더군요.

하지만 당연하다고 생각하는 문제를 의심해보는 일은 매우 중요하기에 좀 더 생각을 해보고 답장을 주고 싶었습니다.

나도 예전에는 학생처럼, 일이란 아주 힘들고 괴로운 것이라고 생각했습니다. 지금도 그 생각은 크게 변하지 않았지요. 아직도 일은 힘들기만 하고 좋은 점은 하나도 없는 것 같군요.

하지만 일은 우리에게 많은 이익을 줍니다. 열심히 고민한 결과, 나는 여섯 가지 이유를 정리해보았습니다.

첫째, 일은 돈을 벌게 해줍니다.

세상에는 "돈 따위는 필요 없어"라고 말하는 사람도 있습니다. 하지만 돈은 있어서 곤란한 것도 아니고, 대부분의 사람은 돈 없이는 살아갈 수 없습니다. 오히려 돈을 벌기 위해 일한다고 말하는 사람이 많지요.

하지만 돈 하나만이 목적이라면, 학생의 우려대로 일이 힘들고 괴롭게만 느껴질지도 모르겠네요. 사람들은 인생의 많은 시간을 일하면서 보내고 있으니, 가능하면 일이 힘들거나 괴롭지 않기를 바라지요.

그렇기 때문에 즐겁게 일하는 방법을 꼭 알아둬야 합니다.

둘째, 일은 명확한 목표를 만들어줍니다.

누군가가 무엇을 위해 사는지 묻는다면, 나는 대답할 자신이 없습니다. 하지만 회사에서 앞으로 일 년 동안 무엇을 해야 하는지 묻는다면, 명확하게 답변할 수 있습니다.

아무것도 하지 않고 하루하루를 흘려보내기보다는 분명한 목표를 가지고 그 목표를 달성하기 위해 노력하는 일이 더 가치 있겠지요.

셋째, 일은 사람을 만나게 해줍니다.

단순한 소비 활동은 혼자서도 할 수 있습니다. 그런 고독을 좋아하는 사람도 있겠지요. 하지만 사람들은 대체로 고독을 멀리

하고 싶어 합니다.

일은 사회 참여의 매개체입니다. 일로 인해 다양한 만남이 발생하지요. 직장 동료뿐만 아니라 고객, 협력회사, 관련 거래처에는 많은 사람이 있습니다.

물론 그런 만남이 모두 학생에게 의미가 있을지는 모르겠습니다. 하지만 일기일회(一期一會)라는 말도 있듯이, 한 번의 만남으로 인생을 바꾸는 기적도 종종 일어납니다.

넷째, 일은 배움의 기회를 줍니다.

일은 배움의 기회를 주지요. 회사에 입사하면 하나부터 열까지 전부 모르기 때문에, 매일 배워야 합니다. 또 자신의 능력과 지식이 뒤처지지 않도록 계속 공부해야 합니다.

회사를 경영하다 보면, 학교 다닐 때 공부를 못했다며 걱정하는 사람도 자주 봅니다. 하지만 안심하세요. 학교에서 하는 공부와 회사에서 하는 공부는 다릅니다.

학교 공부는 특정 문제를 짧은 시간 내에 풀어내는 게 목적입니다. 하지만 회사에서 하는 공부는 과제 설정부터 시작해서 해결책을 찾아 실제로 실행하기까지에 관련된 모든 과정 그 자체입니다. 매우 창조적인 활동이지요.

그래서 사람은 배움을 통해 삶을 풍요롭게 만들 수 있습니다.

다섯째, 일은 신뢰를 얻게 해줍니다.

일한다는 말은 책임을 떠맡는다는 뜻입니다. 책임이 따르지 않는 일은 없습니다. 그러므로 일을 확실하게 완수하는 사람은 책임을 다하는 사람이며, 사회적으로 신뢰를 얻게 됩니다.

신뢰는 돈으로 살 수 없습니다. 예를 들어 볼까요? 당신은 눈앞에 있는 사람이 단지 돈이 많다는 이유로 신용할 수 있나요? 아마도 불가능하겠지요. 신뢰는 그 사람이 꾸준히 쌓아온 행동으로만 평가할 수 있습니다.

맡은 일을 제대로 수행하는 자세는 신뢰감을 구축하는 첫걸음입니다.

여섯째, 일은 자신감을 얻게 해줍니다.

학생은 자신감을 가지고 있나요? 자신감은 매우 중요합니다.

이렇게 말하면 지나친 자신감은 문제를 일으키고 묘한 자부심은 오히려 안 가지는 편이 낫다고 지적하면서, 부정적인 측면을 떠올리는 사람도 있겠지요.

그래도 진정한 자신감을 얻는 일은 누구에게나 매우 중요합니다. 진정한 자신감은 현재까지 본인이 쌓아 올린 실적을 통해서만 얻을 수 있으며, 그래서 허세나 교만과는 다릅니다.

허세나 교만은 자신감을 가진 사람이 하는 행동이 아니라, 오히려 자신감이 없기 때문에 남에게 인정받고 싶은 마음에서 비롯되는 행동에 불과합니다.

진정한 자신감은 타인을 필요로 하지 않고 자신의 힘으로 일을 끝까지 해낸 사람만이 얻을 수 있습니다.

일을 한다는 것은 맡은 바를 끝까지 완수한다는 뜻입니다. 자신감은 최선을 다해 일한 사람만이 얻을 수 있습니다.

내가 준비한 답변은 여기까지입니다. 내 개인적인 생각이라서 학생이 어떻게 받아들일지는 모르겠네요.

하지만 학생이 품은 의문점을 해결하는 데 조금이나마 도움이 되기를 바랍니다.

그 후 그 경영자는 질문한 학생에게서, 일에 대한 자신의 고민을 명확하게 해결해줘서 감사하다는 내용의 메일을 받았다고 한다.

사업 실패로
교훈을 얻었다는
어느 사장의 고백

도전이 있으면 실패도 있다. 하지만 흔히 말하듯이 실패를 통해 얻는 것은 상당히 많다. 나는 그 사실을 사업에 실패한 지인에게서 확인할 수 있었다.

그는 4년 동안 운영한 회사의 문을 닫았다. 경영 상태가 꽤 심각한 수준이었다고 했다. 함께 일하던 직원 세 명은 대표자인 그가 거래처에 부탁해 모두 새 직장을 구한 상태였다. 남은 과제는 사장이었던 자신이 앞으로 어떻게 할지를 고민하는 것뿐이었다.

그는 원래 IT기업에서 근무하던 엔지니어였다. "일거리를 줄 테니까 사업을 해보시겠어요?"라는 고객의 말을 듣고 독립해 회사를 차렸다. 물론 처음에는 꼬박꼬박 일을 받았다. 하지만 거래처의 경영 환경이 변하고, 알고 지낸 담당자도 점차 바뀌는 바람에 일이 서서히 줄었다. 위기감을 느끼고 새로운 거래처를 개척해야겠다고 생각했지만, 딱히 인맥도 영업 경험도 없는 그가 갑자기 일거리를 얻기란 쉽지 않았다.

웹서비스를 제공해야겠다고 생각하고 여러 사이트를 만들어보기도 했다. 그래도 방문자 수는 늘지 않았고 적자는 불어났다. 결국은 직원들에게 월급을 주기도 힘들어져서 회사 문을 닫겠다는 결단을 내린 것이다.

듣자 하니 이러한 사업 실패담은 상당히 많다고 한다. 지속적으로 이익을 내는 기반을 갖지 못한 영세기업은 작은 환경 변화에도 쉽게 도산하고 만다. 유망한 사업 모델로 벤처캐피털에서 자금을 투자받는 회사도 있지만, 대부분의 경우 지속적인 수익을 내지 못하고 시장에서 사라진다.

그는 비록 회사는 잃었어도 많은 것을 배웠다고 말했다.

그: 결국 나는 경영을 한 게 아니었어. 그래도 꽤 많은 점을 배웠지.

나: 어떤 점을요?

그: 음, 여러 가지가 있지만 일단 첫 번째는 월급을 주는 쪽의 심

정을 이해하게 됐다는 점일까? 직원들은 매달 월급 받는 일을 당연하게 여기지만, 고객은 매달 대금을 지불하는 것을 당연하게 생각하지 않아. 이 차이를 극복하기란 상당히 힘든 일이지.

나: 그렇겠군요.

그: 응, 정말 괴로웠지. 하지만 직원들이 그런 기분을 알아주길 바라는 건 무리야. 그런 기분을 이해하는 사람은 아마도 직접 회사를 운영해본 사람뿐이겠지.

분명 경영자가 제일 많이 하는 고민은 이런 종류의 문제일지도 모르겠다. 하지만 그 고민을 직원들과 공유하기를 바라는 것은 경영자의 어리광일 뿐이라는 그의 심정이 느껴졌다. 경영자로서의 긍지를 오래 짊어지고 있던 그의 비애가 엿보였다.

그: 그리고 두 번째는 '이익'이 얼마나 중요한지를 알게 됐다는 것이지. 회사원일 때는 회사의 이익이 커지면 그에 비해 내 월급의 비율은 줄어든다고 생각했거든. 하지만 회사를 직접 경영해보니 세금도 많고 직원들의 사회보험료도 내야 하더군. 특히 거래가 갑자기 끊겨도 직원들에게 월급은 계속 줘야 하지. 그러니 회사에 가능한 한 많은 여유 자금을 남겨두고 싶은 마음이 간절해지더라고.

나: 그렇군요…….

그: 우습지 않나? 경영자가 되고 나니 거의 돈 생각만 하게 돼버렸어.

나: 예전에는 일 자체가 좋다고 말씀하셨지요.

그: 그러게 말이야.

회사를 세우기 전의 그는 순수한 기술자였다. 그는 좋아하는 일을 하기 위해 사업을 하겠다고 말했었다.

하지만 그 말고도 돈 문제만 고민하게 돼버린 경영자는 매우 많을 것이다.

그: 또 있어. 세 번째는 큰 사업을 구상하기 위해선 일단 안정된 수입이 필요하다는 사실을 알게 됐지.

나: 무슨 말씀이지요?

그: 큰 사업을 구상해서 사업 모델을 만드는 일은 절대 고상한 작업이 아니야. 내가 한 일은 대부분 자금 마련이었어. 단골 거래처에 전화해서 일감이 있는지 물어보거나 소개해달라고 부탁하면서 거래처를 늘리려고 애썼지. 내 시간을 그런 일만 하면서 보내야 했어.

그는 잠시 아무 말도 하지 않았다. 그러더니 천천히 말을 이어 갔다.

그: 천재적인 경영자가 굉장히 뛰어난 사업 모델을 개발해 차별화된 제품을 만들었다는 뉴스도 가끔 나오지만, 대개의 회사는 그런 뛰어난 일을 해보기도 전에 당장 눈앞의 생활을 꾸려나가기도 벅차거든. 하지만 직원들은 자기 회사도 뉴스에 나오는 회사처럼 되기를 바라지.

나: …….

그: 그렇게 잘나가는 회사는 아마도 전체의 1퍼센트도 안 될 거야. 그 점을 깨달았지. 거래처도 다들 힘든 상황이었어. '전부 되돌릴 수 있다면 얼마나 좋을까?' 하고 생각한 적이 한두 번이 아니야. 그래도 직원의 생계를 책임져야 하니 그들의 일자리를 뺏을 수도 없었지.

나: …….

그: 난 다시 회사원으로 돌아가지만, 이런 점들을 배웠으니 이제는 경영에 조금 더 공헌할 수 있을 것 같아. 다시 힘내야지.

말을 마친 그는 아주 편안해 보였다.

그릇의 크기를
가늠하기 위한 질문

    직원 채용에 관한 다양한 말 가운데, 혼다의 창업자 혼다 소이치로의 말은 꽤 의미 있다.

    "자네가 감당하기 힘든 사람만 채용하면 어떻겠는가?"

    '말하기는 쉬우나 행하기는 어렵다'라는 격언의 본보기와도 같은 말이다. 혼다 소이치로는 자신이 감당하기 힘든 사람이야말로 채용하고 싶은 우수한 인재라고 말했다.

    혼다 소이치로라는 사람의 '그릇의 크기'를 나타내는 말이다. 그의 말은 채용의 본질을 꿰뚫고 있지만, 그 방법은 평범한 사람이 실행하기는 힘들다.

대부분의 회사는 감당하기 힘든 사람을 채용하지 않기 때문에, 기존 직원의 수준을 뛰어넘는 사람은 그 회사에 오지 않는다. 능력이 뛰어난 인물을 채용하지 못하는 이유는 자신들의 그릇이 작기 때문이다. 그래서 그릇이 큰 사람을 면접관으로 등용하지 않으면, 그 회사는 평균 이상의 인재조차 확보하기 어렵다.

많은 회사의 채용 과정을 봐왔지만, 응시자를 단단히 지켜보자고 말한 면접관이 도리어 응시자에게 면접을 당하는 처지에 놓이는 상황을 너무 많이 목격해 일일이 꼽을 수 없을 정도다.

따라서 좋은 인재를 채용하려면 일단 '면접관의 인선'이 무엇보다 중요하다.

그렇다면 그릇이 큰 사람을 어떻게 판별할 수 있을까?

내가 예전에 함께 일한 회사도 면접관의 인선 때문에 고민하는 회사 중 하나였다. 그 회사는 전통적으로 팀장과 임원이 면접관으로 들어갔지만, 내가 지켜본 바로는 그중 유능한 사람은 아무리 좋게 봐도 절반 정도에 불과했고, 나머지는 능력과 상관없이 연공서열 덕분에 그 자리에 오른 사람들이었다.

그래서 나는 쓸데없는 참견인 줄 알면서도 사장에게 "현재의 면접관으로는 좋은 인재를 뽑기 어려울 것 같습니다"라고 진언했다. 그러자 사장은 고개를 끄덕이며 "나도 알고 있네. 올해는 그들의 적성을 확인하고 나서 면접관으로 등용할 생각이야"라고 답했다.

내가 엉겁결에 "적성이요? 어떻게 확인하실 건가요?"라고 물으니, 사장은 "그럼 여기 같이 있어보겠나? 지금부터 적성을 확인하는 면담을 할 참이네" 하며 나를 그 자리에 남게 했다.

그리고 10분 후 임원 한 명이 방으로 들어왔다. 사장이 먼저 말을 꺼냈다.

"자네에게 채용 면접관을 맡아달라고 부탁할지 말지를 정하기 위해 몇 가지 물어보고 싶어서 오라고 했네. 지금부터 하는 질문에 대답해주게."

그 임원은 "예. 뭐든지 물어보십시오"라고 말했다.

나는 어떤 질문을 할지 잔뜩 기대했지만, 내 기대와 달리 사장은 그저 그런 평범한 질문만 했다.

"어떤 사람을 채용하고 싶은가?"

"응시자의 어떤 면을 보는가?"

"어떤 질문을 할 텐가?"

너무도 당연한 질문이었다.

그 임원도 그 정도는 예상했다는 듯이 평범하고 모범적인 대답을 내놓았다.

나는 '이런 질문으로 적성을 어떻게 알 수 있을까?' 하는 의심이 들었다.

면담이 시작된 지 20분 정도가 지나자 사장이 물었다.

"그럼 마지막 질문이네. 누구를 면접관으로 하면 좋을지 참고하고 싶어서 묻는 말이네. 주변에서 자네보다 더 유능하다고 생각하는 사람을 추천해주겠나?"

임원은 당황한 표정을 지었다.

"저보다 유능한 사람······ 말입니까?

"그렇네."

임원은 쓴웃음을 지으며 대답했다.

"아부할 의도는 없지만, 사장님과 그리고 ○○씨가 있다고 생각합니다."

"○○씨 말인가? 그렇군. 임원 중에서는 확실히 눈에 띄게 유능한 것 같기도 하군. 이유도 말해주겠나?"

임원이 추천 이유를 대충 답하자, 사장은 "음······ 고맙네" 하며 면담을 마쳤다.

그 후 두 명의 임원과 팀장에게 똑같은 질문을 한 뒤에 네 번째 면담이 시작되었다. 네 번째 주인공은 당시 팀장이었지만, 차기 임원 후보로 손꼽히는 인물이었다.

사장은 첫 번째 임원에게 했던 대로 똑같이 질문을 하고 나서, 마지막으로 결정적인 질문을 던졌다.

"그럼 마지막 질문을 해도 괜찮겠나? 누구를 면접관으로 하면 좋을지 참고하고 싶어서 묻는 말이네. 주변에서 자네보다 더 유능하다고 생각하는 사람을 추천해주겠나?"

그 팀장은 잠시 생각하다가 곧 입을 열었다.

"먼저 A 씨는 통찰력과 영업력이 뛰어납니다. 그리고 B 씨는 영업력은 부족하지만 인망이 두텁고 사람들의 사기를 높이는 데 탁월한 능력을 보입니다. C 팀장에게 맡기신다면…… 죄송하지만 어쩌면 사장님보다 더 잘할지도 모릅니다. 그리고 우리 부서의 D 사원은 아직 신입이지만, 솔직히 설계 실력은 저보다 낫습니다."

"꽤 많군."

사장은 빙그레 웃으며 말했다.

"당연합니다. 모두 저보다 뛰어난 부분도 있고, 저보다 부족한 부분도 있지요."

"그렇군. 고맙네."

그가 나간 뒤 나와 사장 둘만 남게 되자 사장은 만족스러운 듯이 말했다.

"면접관은 저 사람으로 결정해야겠군."

"그렇습니까?"

"그는 그릇이 큰 사람이네. 나보다 더 클지도 모르지. 나는 아직도 이상한 자존심을 갖고 있으니까 말이야."

"하긴 면접관이 쓸데없이 자존심을 내세우면 면접에 방해가 되겠지요."

"그렇지. 자기 주변에서 자신보다 유능한 사람을 추천하라고 했을 때 추천한 사람 수가 그 사람의 그릇의 크기를 나타내지."

"그렇군요……."

"올해는 꼭 좋은 인재를 채용하고 싶네. 저 친구에게 맡기면 문제없겠지."

그리고 사장의 예상대로 그 팀장은 우수한 인재를 많이 채용했다. 때로는 응시자에게 조언을 얻기도 하고, 때로는 응시자를 설득하면서 일당백의 대활약을 펼쳤다고 한다.

정말 뛰어난 인재는 다른 사람의 장점도 잘 알고 있다고 한다.

세계의 부를 독점한 철강왕 앤드류 카네기의 묘비에는 이런 문구가 새겨져 있다.

"자신보다 뛰어난 사람의 도움을 구하는 법을 아는 자, 여기에 잠들다."

가장 큰 그릇을 지닌 인물을 가리키는 말이다.

노력하면
보상받는다는 말은
틀렸다

'노력하면 보상받는다.'

어린 시절부터 수없이 들어온 말로, 노력의 중요성을 설명할 때 쓰는 말이다.

그런데 사람들이 정말 그렇게 생각할까? 아마도 진심은 '노력이 보상받는 경우는 많지 않다'가 아닐까.

학생에게 열심히 공부하라고 말할 때도, 사회인에게 열심히 일하라고 말할 때도 "노력하면 보상받는다"라고 말한다.

하지만 모두 그 말을 믿지 않는다. 어린아이조차 안 믿는다. 보상받지 못하는 사람도 있다는 사실을 알기 때문이다. 실제로 노력해도 보상받지 못하는 사람은 매우 많다. 오히려 보상받지 못하는 사람이 보상받는 사람보다 더 많을지도 모르겠다.

노력파는 이렇게 말한다.

"노력은 가장 기본적인 조건이지. 노력이 보상받지 못할 수도 있지만, 성공한 사람은 모두 노력했어."

이 말에는 설득력이 전혀 없다는 사실을 이미 많은 사람이 눈치채지 않았을까.

'노력은 중요하다'라고 말하면서도 '하지만 보상받지 못할 수도 있다'라며 마치 손바닥을 뒤집듯이 말을 바꾸고는, 성공한 사람이라는 별개의 조건을 내세우고 있다.

따라서 성공에 관심 없는 사람에게는 그 말이 아무런 감흥을 주지 못한다.

"우리 직원들은 의욕이 없어서 말이지……"라며 불평하는 경영자나 관리자도 많은데, 아마도 그들의 머릿속에는 '욕심이 없다', '의욕이 없다', '노력하지 않는다'라는 생각들이 한 세트로 묶여 있는 것 같다.

이런 불평이 생기는 원인은 분명 노력과 보상을 한 세트로 보기 때문이다. 다시 말해 많은 사람이 '노력은 보상을 받기 위한 고행(苦行)'이라고 생각하지만, 그런 관점으로는 보상에 관심이 없는 사람을 움직일 수는 없다.

"좋은 대학, 좋은 회사에 들어가려면 열심히 공부해"라는 말도 마찬가지다. 요즘 같은 시대에 노력은 보상을 약속하지 않는다. 그래서 최근에 노력의 필요성, 일의 필요성에 대해 의문을 품은 사람들이 생겨난 것이 아닐까.

그러므로 보상이 노력하는 이유라고 말할 수는 없다. 진실은 오히려 노력하는 이유는 보상받기 위해서가 아니라는 점이다.

그러면 사람들은 왜 노력할까? 정답은 단순하다. 사실 노력하는 사람은 '노력하지 않고는 못 견디기 때문'이다.

물론 노력은 힘들다. 하지만 분명 노력하는 것이 안 하는 것보다는 즐겁다. 직감적으로는 이 말에 반대할지도 모르지만 곰곰이 생각해보자.

사람은 무위나 한가함을 견디지 못하는 존재이며, 삶은 항상 불안하다. 해야 할 일도, 하고 있는 일도 없는 사람은 그 불안과 정면으로 맞설 수밖에 없다. 돈이 많아서 생활에 전혀 불편이 없어 보이는 사람도 최종적으로는 병에 대한 공포, 죽음에 대한 공포와 싸워야 한다.

정신적 안정을 얻으려면 뭔가에 몰두할 필요가 있다. 몸을 움직여야 쓸데없는 생각을 쫓아버릴 수 있기 때문이다.

영화 〈매트릭스〉에 이런 말이 나온다.

매트릭스는 당신들 인간이 만들었지. 즐겁고 행복한 삶을 위해서 말이야. 하지만 인간은 불가사의한 존재야. 불행과 고통이 없으면 오히려 불안을 느끼는 것 같더군.

노력하면 보상받는다는 말은 틀렸다. 진실은 이것이다.
'노력을 해야 비로소 불안감에서 벗어나 살아갈 수 있다.'

일하면서 느끼는
가장 큰 기쁨

예전에 어느 회사의 신입 사원 채용 면접에 참가한 적이 있다. 그곳에선 면접 마지막에 지원자들에게 질문을 받는 시간이 있었다.

질문에 대해 상당히 개방적이어서 그 회사에선 이른바 금기 질문이 없었다. 퇴직률, 야근의 정도, 유급 휴가 사용률 등 회사 설명회에서 모든 정보를 공개하기 때문에 지원하는 사람들도 기탄없이 다양한 질문을 했다.

그 회사의 임원 중 한 사람은 이렇게 말했다.

"회사에 지원한 사람들과 함께하는 질문 시간은, 일 년 중 내가 가장 많은 것을 배울 수 있는 기회 중 하나입니다. 그들은 앞으로 우리 회사 직원이 될 수 있을 뿐만 아니라 우리의 고객이나 거래처 담당자가 될지도 모르니까요."

면접에서 지원자들이 자주 하는 질문 중 하나가 "일하면서 느끼는 가장 큰 기쁨은 무엇입니까?"라는 질문이다. 이에 대한 그 임원의 대답이 특히 인상 깊었다.

질문을 받은 그는 차분하게 말했다.

"음, 가장 큰 기쁨 말인가요? 미안하지만, 대답하기 전에 내가 한 가지 물어봐도 될까요?"

"아, 네."

지원자는 당황한 듯했다.

"왜 그게 궁금하지요?"

임원이 물었다.

"아……. 솔직히 말씀드리면 제가 아직 일해본 경험이 없어서 '일하는 즐거움'이 어떤 것인지 잘 모르겠습니다."

그는 말하고 나서 잠시 생각에 잠겼다가 곧 다시 입을 열었다.

"그래서 꼭 듣고 싶습니다. 신문 같은 곳에선 우리 국민들이 일을 너무 많이 한다고 하지만, 저는 일 자체를 좋아하는 사람도 많다고 생각합니다."

임원은 지원자의 말을 조용히 듣고 있었다.

"사람들이 그렇게 열심히 일할 수 있는 이유가 무엇인지 궁금합니다."

그 임원은 곰곰이 생각한 뒤 천천히 말하기 시작했다.

"보통 이런 질문에는 목표를 달성했다거나 고객에게 인정받았던 경험을 이야기하는 사람이 많을 것 같군요. 하지만 아마도 여러분은 그런 답변에 공감하기 어렵겠지요. 저도 구직 활동을 할 때 같은 질문을 했던 기억이 있지만, 대답이 너무 모범적이라서 그리 와 닿지 않았습니다."

임원은 잠시 숨을 돌렸다.

"그러니 솔직히 말씀드리지요. 결론부터 말씀드리면 가장 큰 기쁨은, 정말 사소한 일이라고 생각할지도 모르지만, 온전히 내 힘으로 돈을 벌게 되었다는 겁니다."

지원자는 그 말의 의미를 모르겠다는 표정이었다.

"이상한가요? 그래도 나는 내 힘으로 돈을 벌어 평범하게 살아갈 수 있다는 사실이 가장 기뻤습니다. 부모나 다른 사람에게 기대지 않고 말입니다. 처음으로 진정한 자유를 손에 넣었다고 생각했지요."

"자유 말입니까?"

그 지원자는 이해하지 못하는 듯했다.

"네, 그래요. 열심히 노력하는 것, 게으름 피우는 것, 돈을 버는 것, 벌지 않는 것 모두 자유에 의한 선택입니다. 회사를 그만두는 일, 회사를 세우는 일, 의욕을 다지는 일, 불평만 늘어놓는 일 전부 자기 의지에 달렸지요. 정말 멋지지 않나요?"

"……."

"일이란 말이지요, 고객을 위해서, 회사를 위해서 하기도 하지만 무엇보다 자신의 독립을 위해서 하는 것입니다. 나는 그렇게 생각해요."

그 임원은 조금 자랑스러운 듯이 말을 마쳤다.

이 책의 제목은 《일 잘하는 사람이 되는 가장 빠른 길》(일본판)이
다. 하지만 일 잘하는 직장인이 되려면 어떤 요건을 갖추어야 하는
지 알려주는 매뉴얼 성격의 지침서를 예상하고 책을 집어 든 독자
라면, 그 기대에는 미치지 못할지도 모르겠다.

"일 잘하는 사람은 ○○을 하는 사람이다."
"○○이 당신의 인생을 결정한다."

이런 주장을 펼치는 책이 많이 있지만 내가 현장에서 만난 일 잘
하는 사람은 그런 비즈니스 법칙에 따라 일하지 않았다.

어떤 법칙을 따르기보다는 문제가 발생할 때마다 그 즉시 해결책을 생각하고, 좋은 성과를 내기 위해 고민하며, 시간이 걸리더라도 끈기 있게 노력하는 사람이 진정으로 일을 잘하는 사람이라고 나는 생각한다.

그래서 그런 사람들이 현장에서 어떻게 생각하고 고민하며 노력하는지를 이 책을 통해 전하고 싶었다.

책에 나오는 다양한 에피소드는 사생활을 배려하고자 다소 수정을 가했지만, 전부 내가 현장에서 직접 보고 들은 실화를 바탕으로 한 것이다. 그 이야기 속에 화려한 성공이나 엄청난 부와 명예는 없다. 하지만 최선을 다해 일하는 사람들이 있다.

나는 그런 이름 없는 위대한 직장인들의 행동을 통해 많은 점을 배울 수 있었다. 독자 여러분도 그렇게 느낀다면 저자로서 더없이 기쁠 것이다.

아다치 유야

위대한 직장인은 어떻게 성장하는가

1판 1쇄 인쇄 2016년 9월 19일
1판 1쇄 발행 2016년 9월 23일

지은이 아다치 유야
옮긴이 정은희
펴낸이 고영수

경영기획 이사 고병욱
기획편집2실장 장선희 **책임편집** 이혜선 **기획편집** 김진희 문여울
마케팅 이일권 이석원 김재욱 이봄이 **디자인** 공희 진미나 김민정
제작 김기창 **관리** 주동은 조재언 신현민 **총무** 문준기 노재경 송민진

펴낸곳 청림출판(주)
등록 제1989-000026호

본사 06048 서울시 강남구 도산대로 38길 11 청림출판(주) (논현동 63)
제2사옥 10881 경기도 파주시 회동길 173 청림아트스페이스 (문발동 518-6)
전화 02-546-4341 **팩스** 02-546-8053
홈페이지 www.chungrim.com
이메일 cr1@chungrim.com

ISBN 978-89-352-1124-1 (03320)